스타벅스 10잔으로 시작하는
여우 재테크

스타벅스 10잔으로 시작하는
여우 재테크

탁현심(신한은행 PB) 지음

21세기북스

원대한 꿈을 향해
첫발을 내딛는 20대 여성들에게

"더 이상 숨겨둔 뱃살 고민하지 마시고, 이 운동기구를 배에 차고 누워만 계세요. 환상의 S라인을 책임져드리겠습니다. 무이자 10개월. 쉽지 않은 조건이지요. 오늘 준비한 수량이 너무 적은 게 안타깝네요. 너무 죄송합니다. 매진이 얼마 남지 않았습니다."

마감 5분 전이라는 글씨와 함께 카운트다운되는 초침을 보자 A양의 마음은 다급해진다. 황급히 전화기를 들고 익숙한 동작으로 자동 주문번호를 누르는 그녀의 시선은 여전히 TV에 머물러 있다. '아, 3분밖에 남지 않았는데…' 전화 버튼을 누르는 A양의 손에 속도가 붙는다. '주문 완료'라는 음성이 들리자, 비로소 안도의 한숨을 내뱉는 그녀. 그제야 빨래걸이로 전락한 러닝머신이 눈에 들어온다. '지름신…, 그분이 오셨구나!'

누구나 그렇겠지만 특히 요즘 20대 여성들은 남루한 삶을 원하지 않는다. 남들보다 화려하고 인정받는 삶을 원하는 그녀들의 생활은 참으로 화려하다. 트렌드를 놓치지 않는 패션센스도 뛰어나지만, 어학이나 자격증 취득과 같은 자기계발에도 참 열심이다. 젊음이라는 싱그러움과 열정적인 삶의 에너지가 그녀들을 빛나게 하는 것도 사실이다. 그런데 문제는 하루가 다르게 쌓여가는 카드대금이다. 시도 때도 없이 지름신이 강림하고, 거기에 더해 할부마저 권하는 사회에 살다 보니, 자연스럽게 '저축'이 아닌 '소비'에 익숙해지는 것이다. 대부분의 20대 여성들은 부양할 가족이 없기 때문에 급여만으로도 어느 정도 여유 있는 생활이 가능하다. 다시 말하자면, 본인의 마음에 따라 누구나 재테크를 할 수 있다는 얘기다. 흔히 '재테크도 돈이 있어야 한다'고 하지만 사실 부자들은 은행 이자나, 건물 임대료만 받아도 여유 있는 생활을 할 수 있다. 따라서 정말 재테크가 필요한 이들은 경제 사정이 좋지 못하거나, 이제 막 사회생활을 시작하는, 그래서 '앞으로의 계획'이 중요한 사람들인 것이다. 재테크란 돈을 쓰지 않는 것이 아니라, 소비의 '시기'를 조금 늦추는 것뿐이다. 그러니 현재 생활이 여유롭지 않다고 해서 비관할 필요는 없다.

재테크 비법 하나, 기초에 충실하자. 피부화장에서도 기초화장이 중요하듯 20대는 내공을 튼튼히 쌓는, 기초에 충실할 시기다. '돈을 굴리는 노하우'보다 더 좋은 재테크 비법은 바로 자신을 발전시키는 것이다. 현재의 내 모습과 직업은 그리 중요하지 않다. 꿈을 위해 오늘보다 나은 내일을 준비하는 '억순이'야말로 진정한 재테크의 여왕이 될 것이다. 자신을 화려하게 만드는 옷과 신발은 시간이 지나면 그 빛이 바래지만, 자신의 지식과 특기는 누구도 앗아갈 수 없는 강력한 무기임을 잊지 말자.

재테크 비법 둘, 조급함은 금물이다. 자산을 불리는 재테크나, 자신에 대한 투자에 있어 조급함은 금물이다. 작은 물방울이 바위를 갈라놓듯 종자돈을 만드는 일이나 자신에 대한 투자의 결과물을 보는 데도 시간이 필요하다. 우리 앞에 놓인 많은 날들을 생각한다면, 현재의 어려움은 찰나일 뿐이다. 은퇴를 생각하는 40~50대의 중년들도 제2의 인생을 준비하는 시대에 우리는 살고 있다. 눈앞의 1~2년이 아닌 5~10년 후를 내다보는 장기적인 계획과 원대한 꿈을 목표로 삼자.

재테크 비법 셋, 진로에 대해서 고민하자. 은행원으로 사회생활을 시작하면서 나 역시 진로를 고민하지 않은 적이 없다. 끊임없이 고민하며 내린 결론이 평범한 은행원이 아닌 금융전문가였기에 다른 사람보다 조금 일찍 준비를 시작했다. 그렇게 24년간 금융계에 종사하면서 수많은 고객과 인연을 맺었고, 신입행원 10명 중 9명이 되고 싶어 한다는 PB(Private Banker)가 되어 금융전문가로서 목표한 삶을 이루었다. 오늘이 아닌 내일을 생각하고 끊임없이 목표를 향해 노력하다 보니, 어느새 오늘의 자리에 있게 된 것이다. 도덕교과서 같은 이야기지만 꾸준한 노력만 기울인다면 누구나 꿈을 이룰 수 있고, 어느 자리 어느 위치에서도 제 역량을 발휘할 수 있다. 이것이 불혹의 나이에 들어선 인생선배의 살아 있는 노하우다.

다만 돌이켜 볼 때 아쉬운 점이 있다면, 요즘 20대 여성들처럼 일찍부터 내 자산관리에 관심을 두지 않았다는 것이다. 조금 일찍 재테크에 눈을 떴다면 훨씬 넉넉한 40대를 맞을 수 있었을 텐데 말이다. 지금 이 책을 읽는 독자들은 나보다 훨씬 좋은 조건과 환경에서 부자가 될 길을 마주하고 있는 셈이다. 그 나이에 재테크에 관심을 둔다는 사실 자체가 대단한 일이기 때문이다.

자신에게 조금만 집중하고 꾸준한 노력을 기울인다면 여러분은 각자가 원하는 전문 직종을 가질 수 있고, 충분히 제 역량을 발휘할 수 있다고 확신한다. 단, 자신의 길에 대해 의심을 품지 말기 바란다. 명확한 목표를 설정하고 원대한 미래를 향해 앞으로 나아간다면 재테크뿐 아니라 인생의 성공 또한 머지않아 여러분의 눈앞에 펼쳐질 것이다.

2008년 2월

탁현심

일러두기

본문에 등장하는 사례들은 저자가 실제 상담한 내용을 바탕으로 한 것입니다.
등장인물의 이름은 모두 가명으로 처리했습니다

일과 결혼, 둘 다 잡아라

1장

몸매 대신 몸값 관리하기

20대에서 30대로 접어들 무렵 , '서른 살이 되기 전에 하고 싶은 게 뭐야?' 라는 질문을 종종 받게 된다. 여자에게 서른은 단순히 나이의 앞 숫자가 2에서 3으로 바뀌는 것 이상의 의무와 무게감을 담고 있다. 그래서 흔히 그에 상응하는 대가(?) 혹은 이벤트가 있어야 된다고 생각한다.

당신이라면 어떤 걸 자신에게 선물로 주고 싶은가? 아마도 대부분의 여성들은 꽃다운 20대와 맞바꿀 만한 것으로 화려한 커리어와 나만을 사랑해주고 아껴주는 멋진 남자와의 결혼을 첫손가락에 꼽을 것이다. 내 생각도 마찬가지다. 다른 건 몰라도 일과 결혼은 재테크에서도 중요한 잣대이자 없어서는 안 될 요소다. 일(커리어)은 돈을 벌기 위한 수단 이상의 것이며, 결혼을 하면 소득과 소비에서도 곱

절이 드는 만큼 둘은 자산관리에 중요한 기준점을 제공해준다. 이 장에서는 골드미스를 꿈꾸든 골드커플을 꿈꾸든, 20대 여성들이 꼭 쟁취해야 할 커리어와 결혼을 재테크 측면에서 살펴보고자 한다.

나는 날마다 인생 통장에 행복을 저축한다

오후 7시! 광화문 거리는 여느 때와 같이 하루 일과를 마치고 퇴근하는 샐러리맨들로 붐비고 있다. 차창 밖으로 보이는 수많은 고층 빌딩에서 말끔하게 정장을 차려입은 샐러리맨들이 쏟아져나와 도시의 진풍경을 만들어낸다.

차창 밖을 통해 보이는 건너편 빌딩 안에 빼곡히 들어차 있는 책상들을 보면서, 그 책상들에 모두 주인이 있다는 사실이 문득 신기하게만 느껴졌다. 물론 이 순간에도 저 책상의 주인이 되는 것을 꿈꾸며 열심히 취업준비를 하며 살아가는 이들도 있을 것이다.

얼마 전 후배가 들려준 이야기가 생각난다. 올해 나이 29세인 그녀는 4년째 ○○회사에 다니고 있는 평범한 직장인이다. 업종의 특성상 이직이 많은 편이기는 하지만, 그래도 4년을 근무하는 동안 동료 21명이 사표를 던지고 퇴직하는 것을 지켜보았다며 안타까운 심정을 토로했다.

과연 그 21명 중에 퇴직을 할 수밖에 없는 정당한 이유를 가진 사람이 몇 명이나 있었을까? 그들 중 한 사람인 A씨는 "우리 사장은 월급은 짜게 주면서 얼마나 많이 부려먹는지 아니? 완전 악덕기업주야" 하며 일에 비해 월급이 적다는 불만을 토로하며 사표를 던졌다. 또한 B씨는 "옆에 있는 박 주임 때문에 너무 스트레스를 받는 거야. 그 사람 때문에 출근하기도 싫고 너무 괴로워"라며 주변 사람 때문에 사표를 던졌다고 했다. 그들은 모두 사표를 내지 않고서는 인생이 불행해서 더 이상 견딜 수 없다며, 회사를 떠나는 것만이 최선책이라 생각하며 사라져갔다.

그러던 어느 날 후배에게 같은 부서에서 근무했던 L씨로부터 전화가 걸려왔다. 회사에 같이 근무할 당시에는 업무능력을 인정받고 일했지만 일이 너무 많다고 퇴직한 후 ○○회사에 입사한 그녀였다.

"글쎄, 내가 이래 봬도 이 계통에서 5년이라는 경력을 가지고 입사한 경력사원인데 대우는 못해줄망정 보조업무 발령을 낸 거 아니? 자존심이 상해서 더 못 다니겠어"라며 그녀는 불만을 토로하고 있었다. 일이 힘들기는 했어도 자신의 능력을 인정받고 일할 수 있었던 그때로 되돌아갈 수 있다면 되돌리고 싶다고 했다.

후배의 말을 듣고 있자니 나와 같이 근무하다가 몇 년 전 퇴직한 뒤 전화연락조차 되지 않았던 선배가 어느 날 느닷없이 술이나 한잔 하자고 찾아왔던 일이 생각났다. 승진에서 몇 번 탈락한 것이 자존심 상해서 더 이상 견딜 수 없다며 사표를 던졌던 선배다. 늘 정장 차림의 선배를 보아왔던 나는 편안한 옷차림의 선배가 약간은 어색하게 느껴졌다.

술잔이 한두 번 오간 후에야 선배가 입을 열었다.

"더 나은 것을 위해 꼭 필요하다는 생각이 들기 전에는 절대 사표 쓰지 마라. 사표는 절대 감정적으로 쓰는 게 아니더라. 회사라는 우산 속에 있을 때는 그게 얼마나 고맙고 편한 건지 몰랐는데 빠져나와 보니까 알겠더라."

회사를 떠난 후 얼마나 많은 고뇌를 했을지 그녀의 한마디에는 너무도 많은 의미들이 묻어나 있었다.

직장인을 대상으로 한 설문조사에서 직장인 두 명 중 한 명은 자신이 불행하다고 생각하며, 행복하다고 느끼는 사람은 9.8%에 불과하다는 결과를 본 적이 있다. 그리고 불행하다고 느끼는 가장 많은 원인이 '일이 많아서'라고 한다.

그러나 이와는 또 다른 면을 보여주는 사례도 있었다. 얼마 전 어떤 라디오 프로그램에서 진행한 설문인 '오늘이 가장 행복한 이유'에 올라온 청취자들의 사연 중 하나인데, 어떤 직장인은 그동안 4개월이나 밀렸던 월급을 받았기 때문에 오늘이 가장 행복한 날이라는 사연을 올렸다. 그런데 그가 받은 월급은 4개월 치가 아닌 1개월 치 월급이었다. 그는 월급만 밀리지 않고 받을 수 있다면 너무 행복할 것 같다는 말도 덧붙였다. 어쩌면 우리는 더 많은 것을 가지려고 앞으로만 달려가고 있을 뿐, 자신이 가지고 있는 것은 창고에 깊이 넣어둔 채 가지고 있다는 사실조차 깨닫지 못하고 항상 불행하다고 느끼는 것은 아닐까?

　지금 이 순간 일이 너무 힘들어서 직장을 그만두어야겠다는 생각을 하고 있다면, 일이 많아 매일 야근을 해서 불행하다고 생각하기보다 차라리 하루쯤 모든 일과 걱정을 팽개치고 나에게 행복한 시간을 만들어 재충전을 해본 후 결정을 해도 늦지 않다. 직장생활이 불행하다면 인생이 불행해지는데 굳이 직장생활을 유지할 이유가 없다. 그러나 그만두어야만 할 피치 못할 이유가 있거나 자신의 필요에 의해서가 아니라, 스스로 견디지 못해서 사표를 쓰는 거라면 그 어느 곳에도 모든 것을 만족할 수 있는 직장은 없다는 것을 명심해야 한다.

　지금 꼴 보기 싫은 박 대리와 김 과장 같은 사람이 그곳에는 절대 없다는 보장도 없다. 또한 그곳에서 야근만은 절대 안 하리라는 보장도 없다. 꼴 보기 싫은 사람 때문에 퇴직을 고민하고 있다면 인생의 궤도를 바꿔야 할 만큼 박 대리와 김 과장의 영향력이 절대적인지, 그래서 얻어지는 것은 무엇인지 계산기를 한번 두드려보라.

　현재를 사는 것도 내 몫이지만 앞으로 살아야 할 것도 내 몫이다. 가족과 지내는 시간보다 더 많은 시간을 보내야 하는 직장생활이 즐거워야 행복한 삶을 만들 수 있다. 너무도 단순한 원리지만 같은 상황에서도 행복한 이유를 찾으면 행복해지고, 불행한 이유를 찾으면 이 세상에 나처럼 불행한 사람도 없다. 불행하다는 생각이 들고 절망적일 때는 '내가 행복한 이유 10가지'를 적어보라. 내일 당장 사표를 던지고 싶은 마음이 들 때면 하얀 종이 위에 그만두어야만 할 이유들을 적어보자. 그리고 직장이 있어서 행복한 이유들을 적어보자. 불행하다고 생각했던 것보다 내가 가지고 있는 것이 훨씬 더 많다는 사실을, 그리고 내가 얼마나 행복한 사람인지 새삼 알게 될 것이다.

재테크의 완성은 돈이 아니라 커리어다

2007년 주식시장이 2,000포인트를 넘어서 상승무드를 타면서 직장인, 주부 할 것 없이 모두 주식시세에 몰두하느라 증권회사 객장은 사람들로 초만원을 이루고 있었다. 자신이 투자한 종목의 주가향방에 따라 희비가 엇갈리고, 마치 주식이 세상의 전부인 양 모두들 삼삼오오 모여 앉기만 하면 주식 얘기고 주식 생각뿐이다.

그러한 때에 김연경 씨도 예외일 수는 없었다. 그녀는 주식시장이 1,500포인트를 넘을 때 100만 원으로 주식투자를 시작했다. 처음에는 증권사 직원이 추천한 종목 중에서 마음에 드는 종목을 찍어 투자한 종목이 6개월 만에 2배가 넘는 수익을 안겨주었다. 그녀는 여자의 직감이 주식시장에서도 통한다며 자신의 투자성공담을 자랑하기에 여념이 없었다. '그래! 직감적으로 오를 주식을 족집게처럼 찾아내는 것을 보면 나는 재테크에 소질이 있는 거야'라며 자신의 재테크 능력을 자만하기 시작했다.

그 후 여유자금이 생길 때마다 주식투자금은 점점 늘어나게 되었다. 주식시장이 1,800포인트를 넘는 것을 지켜본 그녀는 주식시장이 앞으로도 끊임없이 오를 것 같아 조바심이 났다. 평생에 두 번 다시 오지 않을, 돈 벌 수 있는 절호의 기회라는 생각이 들었다. 결국 2년 동안 적립해온 정기적금을 중도해지해서 1,000만 원을 전부 주식에 투자했다. 문제는 그때부터 시작되었다.

투자한 돈이 많아지자 주식가격에 따라 매일 적게는 몇 십만 원에서 많게는 몇 백만 원까지 오르내리는 통에 하루 사이에도 한 달 월급이 생겨났다 날아갔다 할 판이었다. 당연히 근무시간에도 주식 시세가 궁금해져 일에 집중할 수가 없었다. 그녀의 모니터에는 항상 주식시세판이 열려 있었다.

그날의 시황에 따라 그녀의 감정은 흐렸다 맑은 날이 되풀이되었다. 오른 날은 올라서 내린 날은 내려서 주식시장이 끝나도 온통 머릿속엔 주식 생각뿐이었다. 이를 지켜보던 상사에게 몇 차례 쓴소리로 경고도 받았지만, 그녀의 주식에 대한 집착은 좀처럼 줄어들지 않았다.

얼마 뒤 그녀가 근무하는 회사에서 정기인사로 승진자 발표가 있었는데, 승진자 명단에 그녀의 이름은 없었다. 입사동기와 같이 승진할 수 있었다면 지금쯤은 월급도 오르고 지금보다 더 많은 권한과 자부심을 가지고 일할 수 있었을 것이다. 하지만 그녀는 입사동기가 승진할 때 제자리를 지키고 있어야 하는 처지가 되고 말았다. 재테크에만 몰두하다 보면 직장의 소중함을 잊어버리고, 회사에서 해야 할 일보다 재테크에 더 몰두하는 오류를 범하기도 한다. 돈을 불리는 투자도 투자할 밑천이 있어야 한다. 투자밑천은 수입이 원천이다.

대학을 졸업하고도 한 달에 88만 원밖에 벌지 못하는 세대를 가리켜 '88만 원 세대'라는 신조어가 만들어질 정도로 취업난이 극심하다. 하지만 재테크에 성공하려면 월급 88만 원 받아 50만 원 저축하는 것보다 근본적인 소득의 원천을 늘려서 저축액을 늘리는 것이 지름길이라는 것은 두말할 나위가 없다.

월급을 100만 원씩 받고 있다면 은행에 정기예금으로 2억 3,000만 원을 넣어두고 매월 이자를 받는 것과 같고, 월급을 200만 원씩을 받을 수 있다면 정기예금 4억 7,000만 원을 가지고 있는 것과 같다.

수입을 늘린다는 것이 말처럼 쉬운 일은 아니다. 하지만 지금 당장은 어려워도 자신의 가치가 업그레이드될 수 있도록 끊임없이 노력하고 기회를 찾는다면 그렇지 않은 사람보다 원하는 대로 될 확률은 훨씬 높아진다. 수입을 늘릴 수 있는 방법은 업그레이드된 새로운 일자리를 찾는 것일 수도 있지만, 현재의 직장에서 경쟁력을 높여 자신의 가치를 상승시켜 수입을 늘리는 방법도 있다.

다음은 KBS방송에 방영된 내용으로 돈을 쫓아다니지 않아도 본업인 일에 전념하다 보니 돈이 자연스레 쫓아오게 된 성공사례다.

용인에 살고 있는 50대 K씨 부부는 달팽이를 양식하며 9년째 전원생활을 하고 있다. 서울에서 음향기기 매장을 13개나 운영했던 그는 IMF 때 전 재산을 털어 어음을 결제하고 단돈 1,000만 원을 가지고 귀농을 해서 달팽이 양식을 시작했다. 키우기만 하면 잘 팔리는 줄 알고 시작한 달팽이 양식이었으나, 생각처럼 쉽지 않았다. 사려는 사람은 없었고 달팽이 먹이를 살 돈도 바닥이 나고 말았다. 그는 선택을 해야만 했다.

결국 키우던 달팽이를 땅에 묻고 부부는 다시 한 번 벼랑 끝에 서는 절망감에 빠져들었다. K씨는 달팽이에 대한 미련을 버릴 수 없어 달팽이에 대한 연구를 시작했다. 세계 각국의 달팽이에 대한 자료를 모으고 연구하여 홈페이지까지 개설했다.

얼마 후 예상치도 못했던 행운이 부부에게 찾아왔다. 홈페이지를 방문한 사람들이 달팽이에 대한 자료를 요청하게 되었고, 그들을 통해 자연스럽게 판로가 만들어지게 된 것이다. 처음 시작했던 식용달팽이가 아니라 연구용·탐구용 달팽이를 개발하여 판매하게 되었다. 현재는 밀려드는 주문을 감당하지 못해 달팽이 하우스 2개 동이 더 필요한 상황이다. 그러나 부부는 조급하지 않다.

"욕심을 버리니까 행복을 느껴요. 여기 오기 전에는 내가 돈을 쫓아다녔는데 여기서는 열심히 일을 하다 보니까 돈이 저절로 나를 쫓아다녀요. 농사를 지으면서 배운 것이지요."

부부의 꿈은 여기서 그치지 않는다. 달팽이를 연구하고 있는 연구소에 무료로 달팽이를 공급해주며 미래에 대한 투자를 아끼지 않는다. 체험학습장을 위한 달팽이 동도 새로 지을 예정이다. 달팽이

동 앞에서 미소를 머금은 50대 부부의 얼굴에는 환한 행복의 기운이 돌고 있었고, 하우스를 새로 지을 땅을 고르러 가는 부부의 모습에서 한없는 여유로움이 묻어난다.

소득이 없다면 돈도 없다. 돈이 없으면 당연히 불릴 돈도 없다. 돈을 투자해서 자산을 늘려가는 재테크는 수입의 근원인 직장이나 사업장이 유지되는 것이 전제되어야 한다. 따라서 직장을 회사의 필요에 의해서 그만두는 것이 아니라, 자신이 그만두고 싶을 때까지 다닐 수 있으려면 남들과는 차별화된 경쟁력을 갖추고 있어야 한다. 이 평범한 원리를 직장을 잃고서야 깨닫는다면 그때는 이미 되돌릴 수 없게 된다.

해외어학연수는 기본이거니와 영어는 필수에다 자격증 2~3개는 명함도 못 내미는 치열한 경쟁사회에서, 현재 회사에서 일하는 것 말고 자신을 위해 아무것도 하지 않고 있다면 당신은 진정 용감한 사람이다. 지금 당장 직장을 그만두어도 받고 있는 월급만큼 생활비를 대줄 든든한 부모님이 계시거나 모아놓은 돈에서 나오는 이자만 받아도 생활비 걱정은 안 해도 되는 부자가 아니라면, 좋은 투자처를 찾아다니는 것보다 자신에게 먼저 투자해서 경쟁력부터 갖추어야 한다. 근래에는 대기업 채용에서도 경력사원을 뽑는 비중이 점점 늘어나고 있는 추세다. 처음 대학을 졸업하고 입사한 회사가 처음이자 마지막이던 시대는 지났고, 능력에 따라 회사를 옮겨 다닐 수 있을 만큼 고용시장이 유연해졌다는 것을 의미한다.

쥐꼬리만한 월급 쪼개서 수익률 좋은 펀드에 투자한다고 매일 금융기관을 찾아다니는 것보다 현업에 충실하고 자신에게 투자하여 몸값을 올리는 것이 좋다. 그것이 20대 재테크를 성공으로 이끄는 지름길이다. 20대에 한 자신에 대한 투자는 30대에 자신의 시장가치를 결정짓는다는 것을 잊지 말아야 한다.

그녀는 프로, 여자가 봐도 아름답다

누구나 성공하고 싶어 하고 그 방법에 대해 알고 싶어 한다. 서울대를 수석으로 입학한 사람에게 소감을 묻는 인터뷰를 하면 그들은 흔히 "예습·복습 철저히 하고, 틀렸던 것은 체크했다가 반복학습을 한 것이 많이 도움이 된 것 같아요"라며 별로 특별한 비법이라고도 할 수 없는 대답을 한다. 그러면 대다수의 사람들은 "누가 그거 모르나? 그래도 남들과는 다른 무언가가 있겠지. 특별한 비법이 있어도 안 가르쳐주는 걸 거야"라며 일축해버리곤 한다.

흔히 성공한 사람들을 보면 그들의 성공에는 어떤 특별한 비법이 있었을 것으로 생각한다. 돈을 많이 번 부자들을 보아도 투자에 성공할 수 있었던 특별한 비법이 있었을 것이라고 생각한다. 그러나 성공한 사람들에게 성공의 비결을 물으면 특별한 방법이 없다며 열심히 노력한 결과라는 말만 되풀이할 뿐이다. 간혹 그들이 비법이라고 알려주는 방법조차 특별할 것도 없는 우리가 익히 알고 있는 내용이다. 혹여 특별한 비법을 전수받는다고 해도 그들과 똑같이 성공하지는 못한다.

성공한 자와 그렇지 못한 자는 무엇이 다른 걸까? 얼마 전 인터넷을 하다 보게 된 사진이 있다. 1967년생으로 선화예술고등학교를 거쳐 1986년 21세에 독일 슈투트가르트 발레단에 최연소 입단을 한 뒤, 현재 슈투트가르트 수석 발레리나로 20여 년간 춤을 춰오고 있는 세계적인 발레리나 강수진의 발 사진이었다. 그녀의 발 사진을 본 순간 섬뜩함과 함께 가슴 뭉클한 전율이 느껴졌다. 무대 위에서 세계인의 주목과 찬사를 받으며 살아가는 아름다운 신데렐라의 발이라고는 상상할 수도 없었다. 그녀의 발은 발톱이 빠진 듯 문드러져 있었고, 발가락 마디마다 옹이 같은 것이 군더더기처럼 붙어 있어 기형에 가까운 모습을 하고 있었다.

아름다운 발레슈즈 안에 감춰진 그녀의 발은 그녀의 성공이 하루아침에 이루어진 것이 아니며, 얼마나 수많은 고통의 시간들과 함께 힘겨운 자신과의 싸움의 결과로 얻어진 산물인지를 보여주고 있었다. 그리고 고통 없는 성공은 없다는 것이 영원한 진리임을 다시 한번 실감하게 했다. 자신의 발에 대해 어떻게 생각하느냐는 기자의 말에 "발레를 하는 사람들 발이 다 그렇지 않나요?"라며, 세계적인 발레리나가 되기 위해서는 당연하다는 듯 오히려 쑥스러워하는 그녀의 모습에서 자신의 분야에서 혼신을 다하는 당당하고 아름다운

프로의 모습을 느꼈다.

강수진은 발레리나라면 누구나 열망하는, 세계적인 찬사를 한 몸에 받는 정상의 위치에 올라 있다. 하지만 그녀도 처음부터 정상의 자리를 목표로 하지는 않았을 것이다. 더불어 정치, 사업, 예술, 연예 어느 분야에서든 성공했다고 인정받는 사람 그 누구에게 물어보아도 그들이 처음부터 지금의 모습이 될 것이라고 확신한 사람은 아무도 없을 것이다.

단지 그들은 도약하기 위한 목표를 항상 세웠다. 목표를 이루기 위해 매 순간 최선을 다하며 한 걸음 한 걸음씩 계단을 오르다 보니 수많은 기회가 찾아왔고, 그들은 달려가 기회를 잡을 수 있을 만큼 끊임없는 노력으로 이미 준비를 하고 있었다. 그랬기에 오늘의 자리에 오를 수 있게 된 것이다. 그러다 보니 그들의 성공비법은 그다지 특별하다고도 거창하다고도 할 수 없는, 끊임없이 노력했던 그들의 일상 자체인 것이다.

우리 인생은 끝없는 길 위에 펼쳐진 선택의 연속인지도 모른다. 원대한 목표를 정해놓고 나아갈 때 우리 앞에는 수많은 선택의 문들이 끝없이 가로놓이게 된다. 선택을 거듭하고 세월이 흐를수록 인생의 각도는 크기를 더하여 결코 돌이킬 수 없는 결과를 낳게 된다. 단지 성공하기 위해서 우리가 해야 할 일은, 선택의 문들이 다가올 때 준비도 안 된 채 그 문들을 열어보지도 못하고 운명적으로 결정되어 있는 문으로 끌려가는 것이 아니라, 끊임없는 노력으로 만반의 준비를 해 자신의 선택에 따라 원하는 길의 문을 열고 당당히 나아가는 것이다.

성공한 자와 그렇지 못한 자의 차이는 1%라는 말이 있다. 아마도 1%는 포기와 전진을 선택하는 그 순간의 차이일 것이다. 포기와 전진을 선택하는 그 순간 인생의 항로가 달라지고, 인생의 결과가 달라진다. 만약 성공이란 것이 이만큼만 노력하면 이만큼 이룰 수 있다는 기약이 정해져 있다면 아마 고통이 덜할 것이다. 그러나 혼신의 힘을 다해 노력해도 언제 성공할 수 있을지 기약조차 가늠할 수 없는 시간들을 견뎌내야 하기에 더욱 힘든 것인지도 모른다.

독일의 철학자 쇼펜하우어는 평범한 사람들은 시간을 어떻게 '소비'할까 생각하지만 지성인은 시간을 어떻게 '사용'할까 궁리한다고 했다. 성공하는 사람은 시간에 이끌려가는 수동적인 인간이 아니라 시간을 지배하는 능동적인 인간이다. 또한 그는 "하루는 작은 일생이다. 아침에 잠이 깨어 일어나는 것이 탄생이요, 상쾌한 아침은 짧은 청년기를 맞는 것과 같다. 그러다가 저녁, 잠자리에 누울 때는 인생의 황혼기를 맞는 것이라는 것을 알아야 한다"라며 수많은 날들 중 하나라는 생각으로 그냥 흘려버릴 수도 있는 하루의 소중함을 피력했다.

성공하고 싶다면 하루를 바꿔보자. 의미 있는 한 시간을 보내면 하루가 달라지고, 하루가 달라지면 인생 그 자체가 달라진다.

빌 게이츠가 알려주는 성공 10계명

세계 최고 부자인 빌 게이츠는 많은 어록을 남겼지만, 그중에서도 몇 년 전 마운틴휘트니고등학교에서 학생들에게 들려준 인생충고 10가지가 가장 널리 알려져 있다.

- 인생이란 원래 공평하지 못하다. 그런 현실에 대하여 불평할 생각만 하지 말고 받아들여라.

- 세상은 네 자신이 어떻게 생각하든 상관하지 않는다. 세상은 네가 스스로에게 만족하기 전에 무언가를 성취해서 보여주기를 기대하고 있다.

- 대학교육을 받지 않은 상태에서 연봉이 4만 달러가 될 것이라고는 상상도 하지 마라.

- 학교 선생님이 까다롭다고 생각된다면, 사회 나와서 직장 상사의 진짜 까다로운 맛을 한번 느껴봐라.

- 햄버거 가게에서 일하는 것을 수치스럽게 생각하지 마라. 네 할아버지는 그 일을 기회라고 생각했다.

- 네 인생을 네가 망치고 있으면서 부모 탓을 하지 마라. 불평만 일삼을 것이 아니라 잘못한 것에서 교훈을 얻어라.

- 학교는 승자나 패자를 뚜렷이 가리지 않을지도 모른다. 어떤 학교에서는 낙제제도를 아예 없애고 쉽게 가르치고 있다는 것을 잘 안다. 그러나 사회 현실은 이와 다르다는 것을 명심하라.

- 인생은 학기처럼 구분되어 있지도 않고 여름방학이란 것은 아예 있지도 않다. 네가 스스로 알아서 하지 않으면 직장에서는 가르쳐주지 않는다.

- TV는 현실이 아니다. 현실에서는 커피를 마셨으면 일을 시작하는 것이 좋다.

- 공부밖에 할 줄 모르는 '바보' 한테 잘 보여라. 사회에 나온 다음에는 아마 그 '바보' 밑에서 일하게 될지 모른다.

빌 게이츠는 세계 최고의 부자로 유명해졌지만 그의 어록을 곱씹어 보면 그가 돈을 많이 벌거나 성공을 위해 몰두하기 이전에 자기 자신을 다스리려고 얼마나 끊임없는 노력을 해왔는지 알 수 있다.

성공한 사람들은 결코 한곳에 머무르지 않는다. 그들은 고인 물이 되기를 거부하며 항상 더 나아지려고 끊임없이 노력한다. 결코 녹녹치 않은 주어진 인생을 비관하지 않고, 현실을 기회로 생각하며, 주어진 운명을 거부하고 개척해나간다. 성공비법으로 알려주는 그들의 어록들은 말의 뜻은 쉽지만, 정작 실천하는 것은 얼마나 고통스러운지 해본 사람만이 안다.

골드미스는 커리어 로드맵을 갖고 있다

신조어 골드미스!

나이가 들면 올드미스로 온 가족에게 눈총을 받다가 등 떠밀려 결혼하던 시대에서 벗어나 '결혼은 선택, 직장은 필수'인 시대를 살아가는 것이 21세기 여성들의 새로운 현실이다. 20~30대 여성을 대상으로 한 설문조사에서 대상자의 68%가 골드미스로 살고 싶다는 대답을 할 정도로 골드미스에 대한 선호도가 높은 것이 요즘의 추세다.

광고기획사에 근무하고 있는 박은희 씨는 골드미스다. 탄탄한 직장에서 일하며 얻은 경제력을 바탕으로 본인의 취향대로 꾸며진 아담한 오피스텔에서 독립된 생활을 한다. 헬스로 건강관리를 하고 취미생활을 즐기며, 충전이 필요할 때는 훌쩍 해외여행을 다녀오기도 한다. 맛집을 찾아다니는 것을 좋아하며 자기계발에도 투자를 아끼지 않고 당당하게 살아가는 그녀는 분명 골드미스다. 은희 씨처럼 자유롭고 화려해 보이는 골드미스의 전제조건은 안정된 직장에서 인정받는 커리어우먼이거나 자신의 분야에서 경쟁력 있는 전문가로 자리 잡은 경우다. 더불어 탄탄한 경제력이 골드미스의 삶을 누릴 수 있게 하는 바탕이다.

삼팔선, 사오정, 오륙도 등 신조어를 만들어낼 정도로 고용불안이 난무하는 사회에서 남들과 똑같이 일해서는 결코 살아남기 힘들다. 치열한 경쟁 속에서 더 많은 시간을 일해야 하고, 전문성을 살리기 위한 자기계발에도 시간과 노력을 아끼지 말아야 한다.

만일 골드미스를 꿈꾸고 있다면 지금부터라도 당장 커리어 로드맵을 그려라. 그녀가 누리는 화려한 싱글생활은 성공의 결과물이기 때문이다. 목표는 거창하게, 생각만 해도 가슴이 설렐 만큼 열망하는 목표를 설정해야 한다. 그것을 위해서라면 추운 겨울 이른 아침에도 눈 비비며 집을 나설 수 있어야 함은 물론, 친구들과 어울리는 자리에서도 기꺼이 자리를 털고 일어설 만큼의 열정을 끌어낼 수 있는 목표여야만 한다. 가야 할 길을 알고 가는 사람은 잠시 돌아갈 수는 있어도 그렇지 못한 사람보다 목적지에 도착할 확률이 훨씬 높다.

'이미 늦은 건 아닐까' '어차피 안 될 거야' '난 못해' 따위의 부정적인 생각은 결코 도움이 되지 않는다. 넬슨 만델라는 "인생의 가장 큰 영광은 결코 넘어지지 않는 데 있는 것이 아니라 넘어질 때마다 일어서는 데 있다"라며 용기를 내어 될 때까지 끊임없이 시도할 것을 강조했다.

LMI리더십의 창시자인 폴 마이어 회장은 "당신이 마음속에 그린 것을 생생하게 상상하며, 간절히 바라며 깊이 믿고 열의를 다해 행동한다면 그것이 무슨 일이든 현실로 이루어진다"라고 했다. 성공한 사람들의 특징은 할 수 있다는 긍정적인 사고와 뚜렷한 목표다. 또한 그 목표를 이루기 위한 식지 않는 열정이 있다는 것이다. 그리고 끊임없이 노력하는 끈기와 인내도 있다. 그들은 결코 수동적이지 않다. 동기부여도 자발적으로 하고, 긍정적 사고로 스스로 움직인다. 삶에 이끌려가지 않으며 삶의 주체가 되어 삶을 이끌어나간다. 하루하루를 아무런 생각 없이 그냥 흘려보내다 보면 5년, 10년이 흘러도 항상 제자리를 벗어나지 못하고 있는 자신을 발견할 것이다.

어느 날 70세가 훌쩍 넘은, 지금 CEO로 경제활동을 하고 있는 고객과 저녁약속이 있었다.

"나는 노(老)테크를 잘못한 것 같아."

그분은 70세가 넘은 연세에도 왕성한 경제활동을 하고 있고, 평생 일을 하신 터라 재력 또한 부족함이 없었다. 게다가 음악과 그림 그리고 와인에도 평범하지 않은 지식을 겸비한, 그야말로 멋진 인생을 사시는 분이었다. 나로서는 그분의 말이 의아할 수밖에 없었다.

"내 친구들이 그러는데 노테크는 돈만 있으면 되는 것이 아니래. 은퇴 후 그 많은 시간들을 무엇을 하며 지내겠어. 첫 번째 직업은 자기가 하고 싶은 일을 하는 경우가 드물잖아. 그러나 인생의 2막을 준비하는 것은 평생 자기가 진정으로 하고 싶은 일을 찾아 준비하는 거래. 그 일로 돈을 벌 수 있다면 더욱 좋겠지만 그렇지 못하더라도 노후에 그 긴 세월을 할 일이 없어 무료하게 보내는 것보다 평생 하고 싶은 일을 하며 보낸다면 그것만큼 행복한 인생이 어디 있겠어."

그러고는 계속 말을 이으셨다.

"실제로 내가 아는 P는 와당(기와)에 취미가 있어서 법관으로 현직 생활을 하면서 취미로 20여 년 와당을 연구하다 보니 은퇴할 때쯤에는 어느덧 국가에서 박물관 운영을 맡길 정도로 전문가가 되었어. 그토록 좋아하는 와당 연구를 하며 인생 2막을 살고 있다는 거야. 나이가 30세든 40세든 1~2년 내에 꿈을 이루려고 조바심 내지 않아도 돼. 인생도 긴데 10~20년 동안 진정으로 하고 싶은 일을 찾아서 준비한다면 한 분야의 전문가로서도 못할 일이 무엇이 있겠어. 그럼 평생 하고 싶은 일하며 행복한 인생을 살 수 있는 거지. 그런데 나는 그것을 준비하지 못한 것 같아."

얘기를 가만히 듣고 있던 나는 갑자기 무엇인가로 머리를 한 대 얻어맞은 느낌이었다.

'내가 왜 그 생각을 못했을까?'

돌이켜보니 평생 동안 정말 내가 하고 싶은 일이 무엇이었는지조차 모르고 있었기 때문이다. 현재 하고 있는 일이 진정으로 내가 행복해하며 평생 하고 싶은 일이라고 생각해본 적이 없었지만, 하고 싶은 일이 무엇인지 발견하려는 노력조차 기울여보지 못했음을 깨달았던 것이다.

인생 2막을 준비하자. 인생 2막은 분명 인생 1막보다 행복한 인생이어야 한다. 당장 오늘부터 평생 동안 행복해하며 할 수 있는 일을 찾자. 그리고 조바심 내지 말자. 살아온 날보다 앞으로 살아야 할 날이 몇 배가 더 남았으니 말이다. 짧게는 3~5년, 조금 더 준비한다면 5~10년, 그래도 안 되면 10~20년을 준비한다면 어느 한 분야의 전문가가 못 될 것도 없다.

가장 확실하고 든든한 재테크 방법은 평생 하고 싶은 일을 하는 것이다. 앞으로 살아가야 할 긴 세월 동안 내가 진정으로 하고 싶은 일 그리고 해내고 싶은 일이 무엇인지 커리어를 찾아가는 것이 가장 훌륭한 재테크 방법이다.

연애는 이상이고 결혼은 현실이다

2005년 이혼부부의 이혼 사유 중 성격 차이 49.2%, 경제 문제 14.9% 순으로 두 가지 사유가 전체의 절반 이상(64.1%)을 차지한다.

이혼 사유 중에서도 경제적인 이유로 이혼하는 부부가 점차 늘어나고 있는 추세다. 현시대는 내 인생은 뒤로 한 채 한 몸 희생하고 오로지 자식 때문에 참고 살았던 부모 세대와는 다르다. 자식의 인생도 중요하지만 내 인생 또한 소중하다는 인식이 커졌기 때문이다. 돈만 가지고 행복한 결혼생활이 될 수 없지만, 현시대는 돈 없이 사랑만 가지고도 행복한 결혼생활이 될 수 없다.

결혼 전에는 주변 사람들이 말리던 이유가 되었던 남편의 무능력이나 부양해야 할 시댁식구들도 둘이만 함께할 수 있다면 모두 수용할 수 있을 것 같지만 결혼 후에는 모두 감당해야 할 현실로 다가온다. 아무리 애틋하고 절절한 사랑도 매일 생활비에 쪼들리고, 감당할 수 없는 정신적·육체적 고통을 수반해야 하는 상황이 지속된다면 한계에 부딪힐 수밖에 없는 것이다.

:: 사랑만으로 결혼한 J

J는 대학을 졸업하던 25세에 결혼을 했다. 남편은 같은 과 선배다. 대학 2학년 때 만난 이후로 그녀의 눈에는 선배밖에 보이지 않았다. 다른 남자란 있을 수 없었다. 선배의 집이 선배가 생계를 책임져야 할 만큼 상황이 안 좋았던 것도 당장은 문제가 될 것이 없다는 생각에 대수롭지 않게 여겼다. 문제는 선배의 취업이 난관에 부딪히면서 시작되었다. 이곳저곳 이력서를 넣어보아도 원하는 대기업에는 뜻

대로 취업이 되지 않았다. 졸업 후 1년을 백수생활을 하던 선배는 만족할 만한 월급은 아니지만 할 수 없이 중소기업에 취직했다.

취업이 어렵기는 그녀의 경우도 마찬가지였다. 결국 취업을 포기하고 지인이 차린 매장 일을 도와주고 있는 실정이다. 신혼집은 전세는 꿈도 못 꾸고 보증금 1,000만 원에 월세 30만 원짜리 단칸방이다. 한 달 소득은 둘이 합해서 200만 원 남짓, 시댁에 생활비로 80만 원을 보내고 월세 30만 원을 내고 나면 두 사람 생활비도 빠듯하다. 앞으로 계속 시댁에 생활비를 보태야 하는 상황도 갑갑하고, 친정 부모님께도 똑같이 해드리고 싶지만 10만 원 용돈조차 드릴 수 없는 처지도 죄스럽다. 조건을 따져 결혼하는 여자들을 속물이라 치부하며 결혼은 사랑이 전부라고 생각하던 그녀는 결혼생활이 막상 현실로 다가오자 앞으로 살아갈 날이 두려움으로 다가온다.

:: 부자와 결혼한 B

B는 J와는 반대의 경우다. 어느 날 재테크 상담을 요청한 B는 모기업의 사내 닥터다. 소개팅으로 결혼한 B는 부유한 집안에서 외아들로 자란 남편과 결혼했다. 맞벌이를 하는 두 사람의 월소득은 1,000만 원이 넘었다. 웬만한 월급쟁이가 1년 모을 돈을 한 달에 받는 사람이 도대체 무슨 재테크 상담이 필요할까? 궁금증이 더해졌다.

월소득과 지출 내역을 보니 남편의 소득은 전혀 감안되어 있지 않고, 그녀의 소득만 가지고 지출하는 내역이었다. 앞으로의 계획 또한 남편의 소득은 전혀 고려되지 않았다. 그녀의 상담 내용은 자녀교육 때문에 강남으로 집을 옮기고 싶은데 남편이 반대를 하고, 현 상황에서 혼자 월급만으로는 무리가 따라 어떻게 해야 할지 고민이 된다는 것이었다.

수입과 지출 내역에 남편의 소득이 빠져 있는 이유를 묻자 남편 월급은 남편의 취미생활로 대부분 써버리기 때문에 자신과는 무관하다고 했다. 그녀의 남편은 다름 아닌 오디오광이었다. 몇 백만 원에서 몇 천만 원까지 하는 음향기기들을 사들여 거실 가득히 설치해놓고 음악감상을 즐기는 것이 취미였다. 새로운 모델이 나오면 미련 없이 바꿔버리기를 반복하니 자신이 번 돈으로 취미생활하기에도 월급이 남아나질 않는다는 것이었다.

남편에게 자제해줄 것을 상의해보았는지 물어보니, 수차례 남편으로서 아빠로서 경제적 의무를 다해줄 것을 요구했지만 그때마다 그녀의 말은 잔소리에 불과했다. 결국 부부싸움으로 이어지기 일쑤였다. 다행히 그녀도 전문직으로 적지 않은 수입이 있어 자녀교육이며 주택 문제는 큰 어려움 없이 해결하며 지내왔다는 것이다.

경제적으로는 불편함이 없지만 결혼 전과 다름없이 자신의 취미생활을 유지하려는 남편과 처음에는 대화로 풀려고 했지만 이제는 남편을 포기하기에 이른 부인을 바라보며 행복한 결혼생활이라는 생각은 들지 않는다. 결혼생활은 결혼 전에 꿈꾸던 둘만의 달콤한 생활이 되기보다는 둘의 의지와 상관없는 주변 환경에 의해 행복과 불행이 교차되는 경우가 많다.

애쉬튼 커쳐와 브리트니 머피가 주연을 맡았던 영화 〈우리 방금 결혼했어요〉를 보면 가난한 집안 출신의 라디오 방송 리포터 톰 리잭과 방송작가이자 부유한 집안 환경에서 자란 사라 맥너니는 첫눈에 사랑에 빠지게 된다. 둘은 환경의 차이를 극복하고 서둘러 결혼식을 치른다. 둘은 베니스로 신혼여행을 떠나는데 달콤해야 할 여행을 둘의 사랑을 실험하는 악재들로 망쳐버리게 된다. 사소한 사건들이 이들의 사랑에 재를 뿌리기 시작하면서 톰과 맥너니는 다툼을 벌이게 된다.

특히 한국사회에서는 '결혼은 둘만 하는 것이 아니라 가족 간의 결합이다' 라는 관념 때문에 결혼생활이란 험난하기만 하다. 부부싸움의 80%는 부부 당사자 때문이 아니라 서로의 가족 때문이라는 선배들의 충고는 가슴깊이 되새겨야 할 대목이다.

결혼은 서로 다르게 자란 두 사람이 만나서 서로를 맞춰가는 과정이 평생 동안 지속되는 것이다. 결혼은 현실적인 조건과 사랑을 두고 시소게임을 벌이는 게 아니다. 함께 살아가면서 두 가지 조건을 균형감 있게 유지시키는 작업이다. 연애는 이상이지만 결혼은 현실이다. 배우자를 선택하는 데 있어 사랑만을 고집하며 너무 이상적이지 않게, 물질적으로 보호받을 욕심으로 너무 현실적이지 않게 서로 다른 가치관도 인정하면서 나란히 걸어갈 수 있는 동반자를 찾을 것을 권하고 싶다.

능력 있는 킹카는 물을 가린다

편의점에서 6개월째 일하고 있는 25세 김선주 씨는 가을에 친구들과 함께 떠날 유럽여행 자금 200만 원이 모이면 지금 다니는 편의점을 미련 없이 그만둘 생각이다. 그녀는 대학졸업 후 이렇다 할 직장을 구하지 못하자 계약직 일자리를 구하게 되었다. '인생 뭐 있나? 젊었을 때 많이 보고 느끼는 게 재산 아냐? 하고 싶은 일 하면서 사는 게 행복이지. 여건이 되는 대로 세계여행이나 많이 다녀야지' 라는 생각을 갖고 화려한 싱글라이프를 꿈꾸었다.

원하는 시기에 여행을 다니고 싶어 결국 계약직도 그만두고 시간제 일을 택하게 된 그녀다. 다음 여행할 돈이 모아지는 대로 아르바이트를 그만두고 여행을 떠나곤 했던 그녀는 27세가 될 때까지만 해도 별다른 불안함을 느끼지 못했다. 그러나 20대 후반에 들어와 친구들이 하나 둘 결혼을 하기 시작하면서부터 불안감이 몰려왔다.

벌써 28세, 자신을 뒤돌아보니 그동안 하고 싶은 것 하며 별다른 구애 없이 살아온 것에 후회는 없다. 하지만 앞으로의 날들을 생각하니 막막한 건 어쩔 수 없었다. 변변한 직장이 있는 것도 아니고,

모아놓은 돈이 있는 것도 아니다. 그렇다고 결혼할 남자친구가 있는 것도 아니니 어딘지 모르게 불안한 생각이 그녀를 괴롭히기 시작한 것이다. 20대 초반만 해도 아르바이트 자리가 널려 있었는데 이제 나이가 많다 보니 써주기만 한다면 선택의 여지도 없다. 계약직으로 취업을 하기도 만만치 않은 나이가 되어버린 것이다.

이제 그녀의 바람은 좋은 남자 만나 결혼해서 안정된 생활을 하는 것이다. 그런 생각에 소개팅을 나가보지만 당장 자신의 처지가 이렇다 보니 소개팅도 비슷한 처지의 사람만 들어오게 되어 마음에 찰 리 없다. 소개팅을 나가도 폭탄을 만나는 것보다 당연히 킹카를 만나고 싶은 법인데, 하물며 결혼 상대라면 두말할 필요가 없다. 내 처지에 맞는 킹카는 눈에 들어오지 않고 두어 단계쯤은 더 나은 킹카를 만나고 싶은데, 소개팅이나 맞선을 보다 보면 기대와는 달리 엇비슷한 처지의 남자들과 기회가 만들어지기 일쑤다. 소개를 하는 입장에서도 어느 한쪽이 너무 부족하지 않게 하려는 배려가 깔려 있는 것이니 누구 탓이라고 할 것도 없다. "호랑이를 잡으려면 호랑이 굴로 가라"는 옛말이 배우자를 구하는 데 있어서도 이처럼 명언일 수가 없다. 킹카를 만나려면 킹카가 있는 곳으로 갈 수밖에 없다.

요즘 대다수의 남자들이 맞벌이를 원한다는 것은 현모양처보다는 능력 있는 여자를 선호한다는 시대적 흐름을 반영한다. 따라서 신데렐라가 되지 않는 이상 킹카를 만나려면 킹카가 모여 있는 곳에서 어깨를 나란히 해야 만날 확률이 높아지게 된다는 결론이다.

사내 커플이나, 유명한 여자 탤런트가 PD와 결혼을 하거나 동료 아나운서끼리 결혼하는 것은 우연이 아니다. 일을 같이 하다 보면 공통의 관심사가 많아져서 대화가 잘 통하고, 함께 일하는 시간이 많으니 만날 기회도 많아지게 된다. 서로가 하는 일에 대한 이해의 폭도 넓어지게 되어 결혼으로 이어질 가능성이 많아지기 때문이다.

한 일간지에 실렸던 다음의 기사는 이 같은 사실을 더욱 분명하게 보여준다.

사법연수원이 변하고 있다. 사법고시 합격 후 2년간 실무 연수를 하는 사법연수원은 지난 2일 38기 신입생 971명을 새로 맞았다. 여성 비율이 역대 최다인 37%가 될 정도로 여성 연수원생이 늘어나면서, '연애와 결혼' 풍속이 달라졌다. 우선 연애와 결혼을 하는 커플이 늘어났다. 작년에 사법연수원을 수료한 C(여·29)씨도 한 해 후배지만 연상인 B(남·32)씨와 최근 결혼했다. '원내 커플'이 늘어나 한 반(班·60명)에 3~4쌍이 생기는 것으로 알려졌다. 16개 반인 한 학년에서 모두 70여 쌍에 이르는 셈이다. 연수원을 수료한 L(여·26)씨는 "숙제 등을 같이 하며 자연스럽게 커플이 생기더라"며 "판검사나 변호사가 되면 연애할 시간이 없을 것으로 생각해 연수원 안에서 배우자감을 찾는 경우가 많다"고 했다.

(출처: 조선일보 2007. 03. 07.)

능력 있는 남자들이 모여 있는 곳에 가야 능력 있는 남자를 만날 수 있다. 그들과 동등한 능력으로 어깨를 나란히 한다면 더욱 좋겠지만 어떤 위치에서도 자신의 일을 프로정신으로 해낸다면 그들의 주목을 받기에 부족함이 없다. 일례로 한 금융기관에 계약직 안내직원으로 근무하던 P씨는 항상 밝은 웃음과 서비스로 고객들로부터 칭찬이 자자했다. 그녀의 프로정신은 고객들뿐만 아니라 직원들에게도 사랑을 받기에 충분했다. 그러다 그 금융기관의 고객이던 자산가의 마음에 들어 그의 아들과 결혼하게 되어 그야말로 부잣집 며느리가 되었다. 아직도 길을 가다가 두 눈에서 '짠' 하고 전기가 통해 결혼할 배필을 만날 수 있다고 생각한다면 혼자서 살아가야 할 시간이 조금은 더 길어지는 것을 각오해야 한다. 결혼정보회사의 회원이 되어 조건에 맞는 신랑감을 찾아 나서거나 집안이 좋아 부모의 수고로 좋은 신랑감들이 줄을 서는 상황이 아니라면 가까운 곳에 고무신 한 짝이 있을 확률이 높다. 어떤 직업을 가지고 있어도 프로는 아름답다. 현재 자신의 위치에서 최선을 다하고 현 위치에 만족하지 않고 항상 더 나아지려고 끊임없이 노력하며 기회를 만들어라. 그런 사람에게 성공의 기회뿐만 아니라 인생의 전환점이 마련될 수 있다.

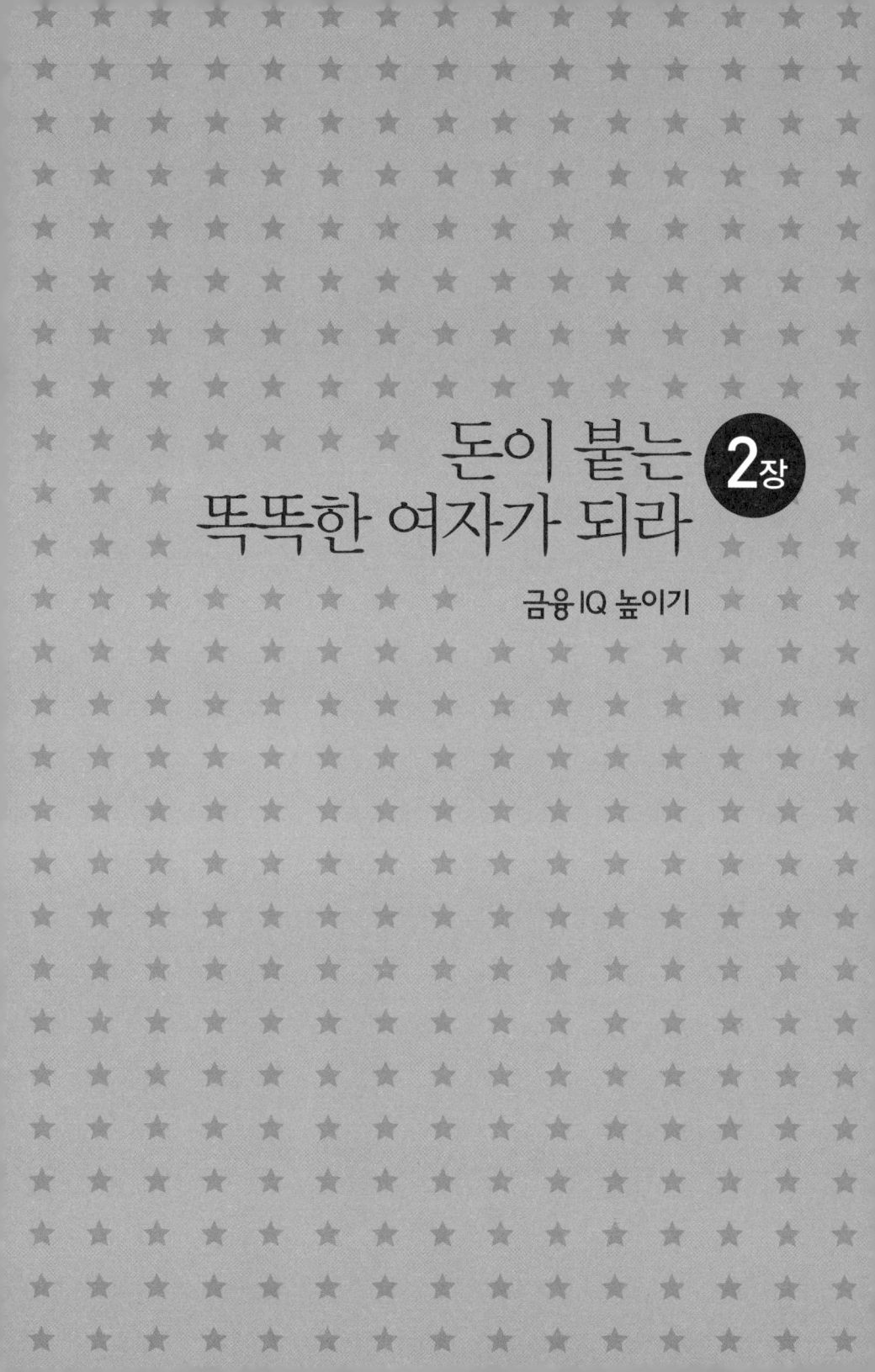

돈이 붙는
똑똑한 여자가 되라

2장

금융IQ 높이기

언젠가부터 경제적 능력이 미모보다 그 여성을 평가하는 중요한 잣대가 되고 있다. 이제는 얼굴이 예뻐도 경제적 능력 까지 겸비해야 미모에 대한 찬사를 쏟아 붓는다. 세상이 점점 욕심 쟁이로 변하고 있는 게 분명하다. 나는 이 책을 읽는 20대 여성들이 라면, 눈길 한번 던져주고 마는 허울만 예쁜 백치미보다는 사람들의 귀와 눈을 오랫동안 머물게 하는 지성미를 지닌 여성이 되기를 희망 한다.

자기만의 전문 영역에서 빛을 발하는 여성은 그 자체만으로 향기 롭다. 무엇보다 다른 사람이 쉽게 따라할 수도 없으니 오랫동안 자 기만의 경쟁 무기로 활용할 수도 있다.

그럼 이건 어떨까? 남녀 누구나 관심을 갖고 있는 분야에 대한 전문지식을 겸비하는 것이다. 요즘 20대들도 깊은 관심을 보이는 재테크에 대한 지식을 겸비해보는 것이다. 당신의 가치도 살리면서 늑대와 여우의 관심을 내게로 확 쏠리게 만드는 금융지식을 말이다.

돈은 금융IQ가 높은 여자를 사랑한다

우리 주변에는 유독 기계와는 친하지 않은 기계치가 있는가 하면, 아무리 같이 다녀도 길을 전혀 기억하지 못한다는 길치도 있고, 재테크는 아는 것이 전혀 없다며 정기예금만 고집하는 사람도 있다. 반면에 유독 핸드폰 신종모델이 나와도 몇 년 동안 사용해온 듯 익숙하게 다루거나 재테크에 관한 한 전문가 못지않은 지식을 가지고 있는 사람도 있다. 과연 기계치는 천성적으로 뇌의 한 부분이 기계와는 친해질 수 없어 기계치고, 길치는 천성적으로 다른 건 다 기억해도 오로지 길만은 기억할 수 없어 길치인 것일까?

나는 기계치와 길치가 생긴 것은 천성적으로 그 부분이 발달하지 못한 것이 아니라 자신이 좋아하는 것과 싫어하는 것 그리고 관심이 있는 것과 관심이 없는 것에 차이를 두어 빚어진 결과라 생각된다.

대부분의 사람들은 익숙하지 않은 것은 시도하기를 두려워하며 알려고도 하지 않는다. 그래서 더욱 모르게 되고 스스로 원하는 대로 그 분야에서는 퇴화되고 만다. 병원장을 하고 있는 고객이 들려준 친구 선주 씨 이야기는 부모에게 많은 재산을 물려받았지만 돈의 가치와 돈관리 방법을 몰라 수십억 재산을 날린 이야기다.

수십억 자산을 가지고 계시던 부모님이 돌아가신 후 선주 씨는 천당과 지옥을 오가는 파란만장한 삶을 겪게 된다. 부모님이 살아 계실 때 모든 재산은 부모님이 관리를 하셨고, 선주 씨가 돈이 필요할 때마다 도와주었다. 그녀의 아버님은 부동산 갑부였지만 정작 선주 씨 자신은 아파트 매매계약서조차 본 적도 없으니 투자에 있어서 문맹과 다름없었다.

30년 전 어느 날 갑자기 아버님이 돌아가시자 선주 씨는 꿈에도 생각지 않았던 거액의 재산을 상속받게 된다. 당시 돈으로 50억 원. 현재가치로도 50억 원이라면 상상할 수도 없는 거금이다. 문제는 주식투자에서 시작되었다. 예상치 못한 거액을 상속받은 그녀는 상속재산 중 일부를 떼어 처음에는 재미 삼아 주식투자를 시작했고, 첫 번째 투자에서 운 좋게 높은 수익을 올리게 된다. 욕심이 난 그녀는 다음에는 투자금을 2배로 늘렸다. 그러나 주식투자를 해본 적도 없고 주식가치분석에 대한 지식조차 없이 여기저기서 들은 정보로 마음에 드는 종목을 찍어서 하는 투자방식에 두 번째까지 천운이 따를 리 없었다.

두 번째 투자에서 큰 손해를 입게 된 그녀는 이후로는 손해를 입으면 손해를 만회하려고, 이익을 보면 더 많은 이익을 얻을 수 있을 것 같은 생각에 주식투자의 늪에서 헤어날 수가 없었다. 상속으로 물려받은 사업체는 제대로 관리도 하지 않고 남에게 맡겨두니 온전할 리 없었다. 몇 년이 지나지 않아 강남에 임대를 주던 땅까지 팔아 사업체를 정리하고야 말았다. 가만히 앉아 임대만 해주어도 한 달 임대소득이 1,000만 원은 되었을 강남땅까지 날리고, 이제 그녀에게 남은 것은 달랑 살고 있는 집 한 채뿐이다.

그녀의 부모님이 "자식에게 물고기 한 마리를 주면 하루밖에 살지 못하지만 물고기 잡는 법을 알려주면 한평생을 살아갈 수 있다"라는 유대인의 속담만 알았어도 선주 씨는 그 많은 재산을 날리지 않았을지 모른다. 재테크가 복잡하고 머리 아픈 것이라며 관심을 갖지 않고, 정기적금만을 고집하며 더 이상의 금융지식은 알려고 하지 않고, 모든 것을 오로지 전문가의 판단에 맡긴다면 그것은 자신에 대해 무책임한 것이다.

5년 동안이나 뉴욕에서 베스트셀러로 자리 잡고 있는 《부자 아빠, 가난한 아빠》의 저자이며 세계 최고의 부자인 로버트 기요사키, 그리고 《트럼프의 부자 되는 법》의 저자이며 미국 최대의 부동산 재벌인 도널드 트럼프 두 사람은 《기요사키와 트럼프의 부자》라는 책에서 부자가 되려면 무엇보다 사고방식을 바꿔야 한다고 말한다.

"1만 달러가 있는데 어디에 투자해야 되나요?"라며 금융지식을 배우려 들지 않고 돈을 어떻게 운용해야 할지 안이하게 전문가에게 묻기만 하는 것은 일반인들이 저지르는 가장 위험한 일이라고 질타한다.

그들이 얘기한 새로운 부의 공식은 스스로 돈에 대한 통찰력을 가지고 예측해서 '된다는 판단'이 들면 레버리지(대출)까지 일으켜 크게 생각하고, 크게 투자를 해서 성공을 하라는 것이다. 그러려면 전제되어야 할 조건이 금융IQ를 높여야 한다는 것이다. 이제는 돈을 불릴 생각이 있다면 적어도 예금이 아니라 투자를 해야 한다.

그러나 투자는 수익을 받는 만큼 딱 그만큼 원금손실에 대한 리스크도 감수해야 한다. "1년 동안 예금할 건데 금리가 몇 퍼센트예요?" 하고 금리비교만 할 줄 알면 되었던 예금이나 적금과는 달리 펀드는 종류도 많고 알아야 할 규칙도 많다.

하루하루 돈을 벌기 위한 생활도 버거운데, 돈 굴리는 것까지 공부해야 한다니. 번거로운 생각도 들겠지만, 똑같은 수입이라도 번 돈을 방치하는 것보다 번 돈을 잘 굴리면 일을 해야 하는 시간을 단축시킬 수 있고, 보다 더 풍요로운 생활을 할 수 있다. 투자는 올해 혹은 내년에만 하고 그만두어도 되는 것이 아니다. 평생 해야 할 생활의 일부다. 어차피 해야 할 것이라면 하루라도 빨리 하는 것이 좋다. 20대에 목돈을 만들면서 축적한 투자경험은 30대에 목돈을 투자해야 할 때 더없이 요긴한 투자지침이 된다.

펀드투자를 하겠다며 금융기관에 찾아가 "어떤 펀드가 제일 좋아요?" 하고 묻고는 단박에 추천하는 펀드를 가입할 일이 아니다. 좋은 펀드 고르는 법 정도의 지식은 기본이다. "이 펀드를 추천하는 이유 3가지를 들어주세요" 정도의 멘트는 구사할 줄 알고, 정말 좋은 펀드인지 스스로 판단할 줄 아는 금융IQ가 필요하다.

단돈 500원으로 재테크 비서를 얻어라

사람들을 관찰하는 것을 즐기는 나는 지하철에서도 사람들의 행동을 유심히 살펴보는 것을 좋아한다. 일단 앉으면 편안한 자세로 몸을 가다듬은 뒤 눈부터 감는 사람이 대부분이고, 간혹 손에 책을 펼쳐 든 여성들은 있지만 왠지 신문을 펼쳐 든 여성은 찾아보기 어렵다. 서 있으나 앉아 있으나 신문을 펼쳐 드는 사람은 주로 남자들이다.

왜 그럴까? 이유를 굳이 찾아보자니, 논리적 사고보다 감성적 사고가 더 많은 쪽이 여성이기 때문이다. 거추장스러운 크기의 신문을 딱히 넣어 다닐 커다란 가방이 없고, 손에 들자니 번거로운 것도 한몫을 하는 것 같다. 그래서인지 간혹 신문을 펼쳐 든 여성을 보게 되면 다시 한 번 쳐다보게 되고 괜스레 멋지게 보이기도 한다. 생각해 보건대 어렸을 때 아버지는 늘 집에만 들어오시면 뉴스와 신문을 즐기셨는데, 늘 집안에서 일을 하고 계셨던 어머니의 신문 든 모습은 잘 기억나지 않는다.

그래도 요즘은 지하철에서 쉽게 접할 수 있는 무료 신문들이 발행되고 있어서 요약 기사이기는 하지만 지면을 접하는 경우가 과거보다는 많아졌다는 것이 다행스럽기도 하다. 재테크는 여기가 시작이고 여기가 끝이라고 할 수 있는 출발역과 종착역이 없다. 투자전문가라고 할지라도 투자 전반적인 분야에 누구보다 두루두루 많은 지식을 가지고 있다기보다는 투자의 한 분야에 전문성을 가지고 있는 것이 대부분이다. 전문가가 그렇다고 한다면 일반인들이야 주식, 부동산, 실물자산 등 모든 분야를 망라해서 공부를 하고 난 다음 투자를 하려고 한다면 아마 시작하기도 전에 포기를 하고 말 것이다.

재테크란 무엇일까. 복잡한 경제지식을 습득하려고 들기 전에 실천할 수 있는 재테크 정보를 가장 쉽게 접할 수 있는 매체를 활용하자. 작은 것부터 실천하면서 그 깊이와 범위를 점차 넓혀가는 것이 가장 좋은 방법이라고 할 수 있다. 그중에 신문은 단돈 500원으로 얻을 수 있는 가장 최신의 재테크 백서라고 할 수 있다.

의류매장에서 판매원으로 근무하고 있는 채림 씨는 월급을 꼬박꼬박 모아 종자돈도 마련하고 재테크도 하고 싶다. 하지만 점심도 매장으로 배달해서 먹는 상황에 금융기관을 찾아 재테크 상담을 한다는 것은 꿈도 꿀 수 없다. 그녀가 찾아낸 방법은 매일 신문의 재테크란을 꼼꼼하게 챙겨 스크랩을 하는 것이다. 신문을 통해 무엇보다 돈을 모아야겠다는 생각을 하게 되었고, 월급통장 관리법은 물론 올바른 신용카드 사용방법부터 펀드투자에 대한 정보까지 얻을 수 있었다.

펀드투자에 매력을 느낀 채림 씨는 2년 전부터 적금 대신 적립식 펀드에 투자를 해오고 있다. 해외시장이 2년간 지속적으로 상승한 덕분에 2년 동안 적립한 펀드로 두 자릿수의 고수익을 챙길 수 있었고, 70만 원씩 펀드에 투자하여 2년 만에 거금 3,000만 원을 모았다. 또래 친구들보다 일찍 재테크에 관심을 갖고 투자를 시작한 덕에 종자돈도 빨리 마련할 수 있었던 셈이다. 투자를 한 지 2년째인 올해는 전문가의 의견을 참고하여 해외펀드 위주로 투자하던 2006년과는 달리 국내펀드와 해외펀드로 나누어 투자를 하고 있다. 또 투자한 것 중에서 투자가 과열되었다는 곳의 투자는 줄이고, 새로 유망한 투자 지역으로 추천되는 곳의 펀드를 추가로 가입한다.

이 모든 정보들이 그녀가 신문을 통해서 얻은 정보다. 신문의 섹션들은 정치, 경제, 사회를 비롯해 분야별로 가장 화두가 되는 기사를 다양하게 다룬다. 때문에 필요한 것만을 골라서 보는 인터넷 정보와는 달리 정보의 편식을 막아주고, 때로는 미처 관심을 가지지 못했던 분야에서 요긴한 정보를 횡재하기도 한다. 어디 그뿐이랴! 재테크 광풍이라고 할 수 있는 요즘은 신문, 방송, 책 등 모든 미디어들도 재테크를 빼놓고는 프로그램이 완성되지 않을 정도다. 당연히 모든 일간지나 경제지의 한 섹터는 금융에 할애를 해서 재테크에 관한 가장 최신의 정보와 전문가들의 시장 전망을 비롯하여 투자에 성공한 생생한 실전사례까지 알려준다. 처음 신문을 읽다 보면 잘 정리되지 않는 신문의 크기도 부담스럽고, 그림도 없이 빽빽하게 지면을 메우고 있는 깨알처럼 많은 글씨도 쉽게 친해지기가 어렵다. 더구나 마음먹고 읽어보려고 처음 집어 든 신문이 스포츠 신문도 아니고 일간지도 아닌 경제지라면 신문과 친해지기가 더욱 어려울 것이다.

신문을 읽는다는 것은 자전거를 타는 거와 같다. 처음 자전거를 탈 때 페달을 힘차게 밟아주면 처음에는 좌우로 뒤뚱거리며 출발을 해도 시간이 지나고 나면 어느새 자전거 페달을 밟고 있다는 것도 잊은 채 두 뺨을 스치는 부드러운 바람을 맞으며 자전거 타는 것을 즐길 수 있다. 신문은 연재소설과 같아 독자를 중독시키는 매력을 가지고 있다. 매일 신문을 읽다 보면 다음 날 신문의 기사가 궁금하게 되고, 커피숍이나 음식점이나 잠시 시간이 허락될 때면 잡지보다는 신문으로 먼저 손이 가는 자신을 발견하게 된다. 단돈 500원으로 살 수 있는 백과사전, 신문! 오늘부터 신문의 매력에 중독되어 보는 것은 어떨까?

:: 단돈 500원으로 살 수 있는 재테크 비서, 신문과 친해지는 법

1. 욕심은 포기를 낳는다. 처음에는 일간지로 시작하라

신문 보기를 시작할 때 경제지부터 보기 시작하면 딱딱한 경제용어가 익숙지 않아 신문 읽는 재미를 느끼기 어렵다.

2. 기사 제목을 한번 훑어보고, 관심 있는 기사만 읽어라

아무리 많은 정보라도 내가 활용할 수 없는 정보는 쓸모없는 것이다. 신문은 많이 읽는 것이 중요한 것은 아니다. 필요한 정보를 얻는 것이 목적이다. 시작부터 꼼꼼하게 처음부터 끝까지 읽어야 한다는 생각은 버리고, 일간지 하나를 선정하여 1면부터 기사 제목을 쭉 한

번 훑어본 다음 관심 있는 기사만 내용을 읽고, 점차 범위를 넓혀 나가는 것이 좋다.

3. 내가 써먹을 것만 콕 찍어서 스크랩하라

관심 있는 분야를 몇 가지 정해 필요하다고 생각되는 것은 신문을 오려서 스크랩을 하라. 그러나 분야를 너무 다양하게 잡으면 자료정리에 시간도 많이 걸리고, 자료정리가 미루어져 쌓이다 보면 일이 되어버려 중단하기 쉽다. 스크랩 제목을 너무 다양하게 하는 것보다는 관심 있는 분야 두세 가지 정도만 꼼꼼하게 스크랩을 해두면 훌륭한 재테크 비서가 된다.

4. 경제를 알면 돈이 보인다

재테크를 하려면 경제는 필수! 거시경제학, 미시경제학 지식을 총동원해야 볼 수 있을 것 같은 경제면은 처음에는 알 수 없는 용어들 때문에 무슨 법전을 읽는 것 같은 까칠함을 느끼게 된다. 그러나 신문을 읽다 보면 경제부문은 기사 제목만 매일 꼼꼼하게 살펴보아도 경제흐름을 알 수 있다. 그 틀이 정해져 있어 읽을수록 쉬워지는 것이 바로 경제면이다.

경제면은 경기 동향은 물론 주식 · 부동산 · 펀드 · 세금의 이슈가 되고 있는 정보와 새로운 금융상품까지 재테크에 관한 다양한 실전정보를 제공해준다. 경제면을 보면 어제 주식시장이 왜 떨어졌는지를 알 수 있고, 투자하고 있는 펀드에 더 투자를 해야 하는지, 수익을 챙겨야 하는지를 알 수 있다. 경제신문은 친절하게도 독자를 위해 기사 내용과 연관된 용어풀이까지도 제공한다. 경제신문의 용어는 주로 반복되는 특성이 있다. 용어뿐 아니라 이슈가 되는 기사 내용도 반복적으로 게재되는 경우가 많다. 따라서 볼수록 쉬워지는 부문이 경제면이다. 처음에는 생소하더라도 매일 신문을 통해 경제용어를 한두 개씩 접하다 보면, 어느 날 경제지에 익숙해진 자신의 모습에 놀라게 될 것이다.

5. 오늘 당장 할 수 있는 것부터 실천하라

경제전망에서 주식종목분석까지 모르는 것이 없어도 실천하지 않으면 모르는 것과 다를 바 없다. 오늘 신문에서 얻은 지식 중에서 당장 할 수 있는 것부터 실천하라.

금융IQ를 높여주는
재테크 비서, 신문 스크랩하기

오른쪽 사진은 내가 아는 후배인 수연 씨가 직접 스크
랩해놓은 것을 디카로 촬영해서 보내준 자료다.

그녀는 처음 펀드에 가입할 때 지난 3개월 동안 스크랩해놓은 펀드수익률
순위표를 참고했다고 한다. M경제신문의 주식 면을 보면 상단에는 해당 일
자의 핫이슈를 메인 기사로 뽑고, 하단에는 지난 일주일 동안의 펀드수익률
을 표로 정리하여 보여준다. 그것만 봐도 '요즘 어떤 펀드가 인기 있고, 수
익률이 좋은지'를 판단할 수 있다. 그중에서 본인이 관심 있는 펀드를 형광
펜으로 표시하여 수익률 변화를 살펴보면 자신의 선택에 확신을 갖게 될 것
이다. 스크랩을 할 때는 날짜와 요일을 기재해야 하는데 추후에 관련 자료
를 찾아보고자 할 때 유용하게 사용되기 때문이다. 회사나 집에서 남아도는
잡지나 무가지 자료집을 버리지 말고 스크랩 책자로 활용한다면 손쉽게 여
우만의 자료집을 만들 수 있다.

수연 씨는 신문을 통해 얻은 정보를 인터넷에서 검색하여 2차 정보까지 습
득했다. M경제신문 2007년 4월 23일 기사 중에서 〈전망 좋은 기업주식 사
서 5년만 묻어두면 돈 된다〉라는 제목의 기사가 있다. 5개 증권사가 장기투
자 유망종목을 추천해주었는데 현대중공업, KT&G, 포스코, SK, 부산은행

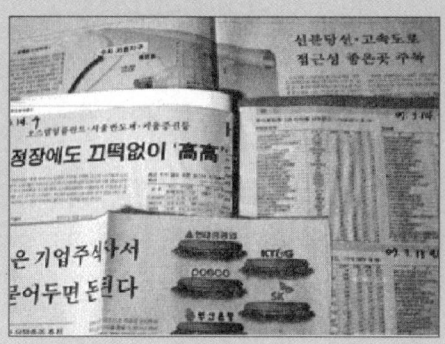
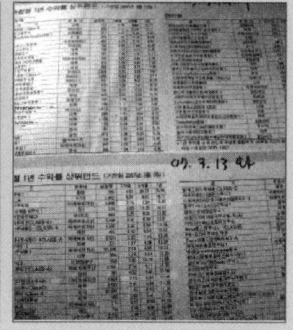

• 사진1 부동산과 주식 관련 내용을 스크랩해놓은 자료   • 사진2 펀드수익률을 순위별로 알려주는 표

을 유망종목으로 뽑았다. 실제로 2007년 여름시장에서 증권계의 핫이슈는 현대중공업, 삼성중공업, 포스코 등 조선 및 철강 업종이었다. 2007년 6월 29일 경제신문의 메인기사를 보면 〈조선·기계, 순항은 계속된다〉라는 기사로 조선, 기계, 철강, 석유화학의 전망을 내놓기도 했다.

수연 씨는 해당 기사를 본 후 증권사 홈페이지 두 곳을 들러 해당 주식에 대한 정보와 애널리스트들이 적어놓은 보고서를 참고했다. 물론 전문 애널리스트들이 써놓은 보고서를 완벽하게 이해할 수는 없지만 '공부는 반복효과'라고 했던가? 자꾸 보다 보니 눈에 익게 되고, 눈에 익다 보니 보고서를 읽는 순서와 요령을 알게 되고, 어렵게만 느껴졌던 주식용어 및 이슈를 자연스럽게 받아들이게 되었다고 한다. 별것 아닌 것 같지만 500원짜리 경제신문이 가져다준 마법은 수연 씨의 경제관념을 송두리째 바꿔놓기에 충분했다. 경제신문을 통해 금융IQ를 높이게 되었고, 자연스럽게 본인 스스로 정보를 얻기 위해 손품을 팔기 시작한 것이다. 즉, 경제에 대해 적극적인 자세를 취하게 되었다는 것이다.

너는 적금 깨니? 나는 이자로 해외여행 떠난다

동일한 회사에 다니는 입사동기 두 사람이 모두 부모님에게 물려받은 재산도 없고, 회사에서 받는 월급이 유일한 소득이라고 했을 때 3년 후, 5년 후, 아니면 10년 후에도 재산이 똑같을까? 당연히 그렇지 않다. 똑같이 번다고 똑같이 쓰고 똑같이 투자하는 것은 아니다. 소득과 지출을 어떻게 관리하느냐, 어떻게 목표를 세우고 투자하느냐에 따라 시간이 지날수록 두 사람이 소유하는 재산은 달라진다.

최미성 씨와 박소영 씨는 입사동기지만 입사 5년 후 최미성 씨는 종자돈 1,300만 원을 모았고, 박소영 씨는 5,500만 원을 모았다. 그녀들은 무엇이 달랐을까?

최미성 씨는 학창시절 아르바이트로 학비를 벌어 어렵게 공부를 마친 터라 첫 월급을 받는 날, 하늘을 날 것 같은 기분이었다. 사회생활을 처음 시작하다 보니 계절이 바뀔 때마다 구두며 옷이며 가방이며 필요한 것은 왜 그리도 많은지, 철철이 이것저것 사다 보니 월급이 남아나는 날이 없다. 한 달 월급으로 적립식펀드에 30만 원씩 넣고 있지만 어떻게 된 일인지 저축액을 늘릴 여유가 없다. 5년 동안 모은 재산이라고는 매달 30만 원씩 저축한 적립식펀드가 수익률이 30%가 넘은 덕에 마련한 1,300만 원이 전부다. 이제 내년이면 벌써 서른 살인데 모아놓은 돈은 1,300만 원이 전부라니 무엇인가 해야 한다는 생각에 마음은 다급해지고 빨리 돈을 모을 수 있는 방법이 없는지 수익률 높은 상품만 찾아다니고 있다.

반면에 그녀의 입사동기인 박소영 씨는 평소 재테크에 관심이 많았던 터라 종자돈 5,000만 원 만들기를 목표로 정하고 5년짜리 적금통장부터 만들었다. 종자돈 5,000만 원 만들기를 목표로 하고 보니 월급 100만 원의 60%와 보너스를 저축해도 최소한 5년은 걸린다는 계산이 나왔다.

사회에 첫발을 내딛고 받은 월급이라 키워주시느라 고생하신 부모님께 매월 용돈도 넉넉히 드리고 싶었고, 사고 싶은 것, 가보고 싶은 곳도 많았다. 하지만 목표한 종자돈을 마련할 때까지는 매월 적금을 넣고 남는 돈으로 모든 지출을 해결하자는 스스로와의 약속을 지키려고 노력했다. 소영 씨는 '지금 돈을 써버리면 늘어날 돈이 없어지지만 종자돈을 만들고 나면 종자돈에서 나오는 이자만으로도 훨씬 더 많은 것을 할 수 있다'라고 생각했다. '나는 하고 싶은 것을 못 하는 것이 아니라 스스로 안 하는 거야. 잠시 뒤로 미루었을 뿐이야'라며 스스로를 독려했다.

오늘은 5년 동안 그녀가 손꼽아 기다리던 적금 만기일이다. 보너스까지 알뜰하게 모은 덕에 그녀가 받는 돈은 거금 5,500만 원이 되었다. 저금리라고는 하지만 5,000만 원을 몽땅 6% 정기예금에만 넣더라도 1년에 받을 수 있는 이자가 300만 원이다. 펀드에 투자해서 연 10% 수익을 올릴 수 있다면 1년에 500만 원의 수입이 늘어나게 된다.

이 정도라면 매년 이자만으로도 해외여행 한 번쯤은 부담 없이 다녀올 수 있다. 그러나 정작 종자돈을 모으고 나니 돈 불어나는 재미에 푹 빠져버리고 말았다. 처음 5,000만 원을 모을 때는 5년이라는 오랜 시간이 걸렸지만, 이제 매년 종자돈에서 나오는 이자도 있으니 다시 5,000만 원을 모으는 기간은 훨씬 짧아질 것이라는 생각이 들어 차마 돈을 쓸 수가 없다.

작은 돈을 모아 어느 정도 규모의 종자돈을 마련한다는 것은 많은 시간을 필요로 하는 인내의 작업이다. 특히 첫 번째 종자돈을 만드는 작업은 가장 지루한 기다림의 시간이 된다.

이러한 지루함을 참고 견디며 종자돈 마련에 성공하면 성취감과 함께 비로소 저축의 참맛을 깨달아 저축에 더욱 스피드가 붙게 된다. 이를 견디지 못하면 돈이 필요할 때마다 모으던 돈을 해지해서 사용하는 것을 반복하여 종자돈 만들기에 실패를 하게 된다.

간혹 많은 사람들이 오해하는 부분이 있다. 돈을 쓰는 것과 돈을 불리는 것을 별개로 생각하는 것이다. 또한 좋은 상품에 투자를 해서 수익을 많이 올려야만 돈을 많이 모을 수 있다는 생각도 그러하다. 아무리 속전속결 스피드 시대라고 하지만 돈을 불리는 것만은 예외다. 아무리 고수익을 올린다고 하더라도 꾸준히 오랜 기간 절약해서 저축을 해온 사람의 개미효과를 따라 잡을 수는 없다. 근본적으로 저축하는 금액이 클수록, 견뎌내는 시간이 길수록 더욱 든든한 종자돈을 마련할 수 있기 때문이다.

처음부터 목표를 원대하게 세워서 단박에 목돈을 만드는 것도 좋지만, 그러려면 상당한 인내의 시간이 필요하고 지루함을 견디지 못하고 중도하차할 가능성도 많다. 재테크에 성공하려면 무엇보다 구체적인 목표와, 저축 먼저 하고 나머지 돈으로 지출을 모두 해결하는 습관은 기본이다. 1년에 1,000만 원 만들기와 같이 단기목표를 정해서 돈맛을 먼저 본 후 재테크를 즐기는 것이 좋은 방법이다.

없는 월급 쪼개서 해외여행 한 번 다녀오고 카드결제할 때 휘청거리는 스릴을 즐기기보다 당장 내일이라도 훌쩍 떠나고 싶은 여행을 잠시 뒤로하고, 평생 빵빵하게 해외여행비 대줄 종자돈을 키워보는 것은 어떨까? 5,000만 원이 여의치 않다면 1,000만 원을 목표로 해도 좋고, 그래도 여의치 않다면 기간을 2년 정도 늦춰도 좋다. 나 대신 일을 해서 내게 또 하나의 수입을 안겨줄 종자돈을 갖게 된다는 것은 생각만 해도 흐뭇한 일이다.

분산투자, 리스크는 내리고 수익은 올려준다

투자의 가장 근본적인 목적은 돈의 가치, 즉 구매력을 유지하면서 돈을 불리는 것이다. 따라서 돈을 불리기 위해서는 투자수익이 최소한 인플레이션 이상의 수익률이 되어야 한다. 물가상승률 4%일 때 정기예금금리 6%였던 것이 물가상승률 5%일 때도 정기예금금리가 6%라면 금리가 같은 것이 아니다. 돈의 가치가 하락했기 때문에 금리가 내린 것과 같다.

작년에도, 올해도 용돈 30만 원으로 버텨야 하는 것은 마찬가지다. 작년에는 30만 원으로 한 달을 족히 쓸 수 있었는데 올해는 25일이면 돈이 떨어지는 이유는 물가가 상승했기 때문이다. 과거 금리가 10%가 넘던 시절에는 정기예금만 가입해도 원금보장과 인플레이션 헤지는 물론 자산증식까지 되었으니, 그야말로 안정성과 수익성을 겸비한 가장 좋은 투자자산이었다.

그러나 현재와 같이 1년 정기예금 이자가 6%대라면 얘기가 달라진다. 정기예금 금리 6%에서 물가상승률 3~4%를 감안하고 세금까지 제외하고 나면 1~2%밖에 안 되는 수익으로는 만족할 만한 자산증식을 기대하기 어렵기 때문이다.

그렇다면 돈을 어떻게 불려야 할까? 이제는 저축이 아니라 투자를 해야 한다. 투자란 원금보장이라는 안전성을 포기하는 대가로 저축보다 높은 수익을 기대할 수 있다. 따라서 투자를 할 때는 무엇보다 돈을 잃지 않고 지키면서 불리는 것이 중요하다. 일반적으로 투자할 수 있는 자산은 예금(채권), 주식, 부동산이 대표적이다.

예금(채권), 주식, 부동산 중 어디에 투자를 해야 할까? 정기예금이 가장 안전한 자산이라고 정기예금을 고집한 박선영 씨와 우리나라에서 투자에 성공할 수 있는 것은 부동산밖에 없다고 부동산 불패신화를 신봉하며 부동산에 몰빵한 김선희 씨 그리고 이제 부동산 시대는 갔다며 펀드투자의 선봉에 섰던 오현경 씨의 투자 사례를 살펴보자.

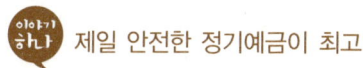 **제일 안전한 정기예금이 최고**

마포구에 사는 60세 박선영 씨는 요즘 생활비 때문에 걱정이다. 1999년 퇴직을 하며 2억 원을 받았지만 섣불리 사업을 벌이다가 망하기라도 한다면 그나마 생활비 마련도 어려울 것 같아 당시 10%가 넘는 5년짜리 고금리 정기예금에 가입하여 매달 이자 140만 원씩을 받아 생활해왔다. 그러나 5년 정기예금이 만기가 된 2004년 은행금리가 절반밖에 되지 않아 매월 받을 수 있는 이자는 세금을 제외하고 70만 원밖에 되지 않았다. 매년 물가는 올랐는데 이자율은 떨어져 받을 수 있는 이자는 절반밖에 되지 않으니 생활비가 걱정이다.

 머니머니 해도 재테크는 부동산이 최고

호산물산에서 일하고 있는 김선희 씨는 요즘 밤잠을 이루지 못한다. 2006년 10월 아파트 가격은 자고 일어나면 올라 일주일에 1,000만 원이 넘게 뛰고 있었다. 돈을 조금 더 모아 2년 후쯤 아파트를 살 계획이었던 선희 씨는 마음이 조급해졌다. 모아놓은 돈은 1억 원이 전부인데 웬만한 32평형 아파트는 꿈도 꿀 수 없었다. 눈높이를 낮춰서라도 아파트 하나 장만하지 못하면 이러다가 평생 내집 한번 못 가져보는 것이 아닌지 불안해졌다.

결국 모아놓은 돈을 모두 쏟아 넣고 은행대출로도 모자라서 금리가 높지만 제2금융권 대출까지 받아서 24평 아파트를 사고 나서야 안도의 숨을 몰아쉬었다. 그런데 그녀의 안심은 오래가지 않았다. 아파트를 산 지 1년이 채 지나지 않아 부동산에 대한 규제가 본격화되면서 버블세븐 지역을 필두로 모든 지역의 부동산 가격이 하락하기 시작했다. 게다가 대출금리까지 올라 매월 내야 할 이자는 늘어나는데 부동산 가격은 하락한다. 아파트를 팔려고 내놓아도 팔리지 않아 속이 타들어갔다. 2007년 들어 국내펀드는 30%가 넘는 고수익을 내고 있지만, 그녀와는 아무런 상관이 없는 얘기다.

 무슨 소리, 부동산은 한물갔다, 이제는 펀드!

홈쇼핑 텔레마케터인 오현경 씨는 2006년 아픈 기억을 갖고 있다. 2004년부터 펀드열풍이 본격화되면서 펀드통장 하나 안 가지고 있으면 재테크 열풍에 편승하지 못하고 상대적으로 손해를 보는 느낌마저 들던 때였다. 하지만 그녀는 펀드에 대한 지식도 별로 없었다. 새로운 걸 알아야 한다는 것도 귀찮았다. 그러나 회사 동료들이 모이기만 하면 펀드 얘기를 하는 통에 귀를 기울이게 되었다. 정기예금의 몇 배 수익은 기본이라는 말에 시험 삼아 해외펀드에 300만 원을 가입하게 된다. 그런데 정말 가입한 지 3개월도 채 지나지 않았는데 5%의 수익이 나더니 6개월 만에 14%가 넘는 수익이 나는 것이 아닌가? 이러다가 부자가 되는 것은 시간문제인 것 같았다. (늘 펀드에 대한 과한 사랑은 이렇게 시작된다.) 결혼자금으로 준비하고 있는 정기예금을 중도해지하고 적금까지 해약해서 펀드에 투자를 했다. 가입한 후 몇 달 동안은 인터넷으로 매일 몇 만 원씩 불어나는 수익을 체크하는 것이 삶의 즐거움이었다. 그러던 어느 날, 미국 경제에 대한 불안감이 촉발되어 글로벌 주식시장이 동반하락하기 시작하더니 주식시장의 하락 장세가 몇 주일간 지속되었다. 예외 없이 펀드수익도 매일 하락하기는 마찬가지였다. 아차하고 당황하며 며칠을 보내는 사이 펀드수익은 이미 마이너스 10%가 넘은 지 오래다.

이러다가 원금은커녕 그동안 꼬박꼬박 모아온 결혼자금도 반 토막이 나는 것은 아닌지 조바심이 났다. 결국 지금 손해 보는 것이 그나마 적게 손해 보는 것이라고 판단했다. 현경 씨는 투자한 지 채 한 달도 되지 않은 기간에 200만 원을 손해 보고 펀드를 모두 해지하고 말았다.

정기예금만 고집하던 박선영 씨가 일부라도 부동산과 펀드에 나누어 투자를 했더라면, 무리한 대출까지 동원하여 부동산을 산 김선희 씨가 펀드와 정기예금에 나누어 투자를 했더라면, 적금까지 해지해 펀드에 투자한 오현경 씨가 정기적금과 펀드로 나누어 투자를 했더라면 어땠을까. 그녀들의 투자성과는 달라질 수 있었다.

주식시장이 아무리 폭등해봐야 내가 투자한 돈이 없으면 남의 집 잔칫상이다. 손실이 두려워서 투자에 발을 담그기가 어렵다면 발가락이라도 담그고 있어야 돈이 불어나는 따뜻한 기분을 느낄 수 있다. 자산도 나누어 가지고 있어야 금리가 오르면 예금에 들어 있는 돈이 불어나고, 주식시장이 오르면 주식과 펀드자산이 늘어나고, 아파트 값이 오르면 부동산에 투자한 자산이 늘어난다.

'펀드투자할 돈도 없는데 무슨 부동산까지 분산투자야. 분산투자는 돈 많은 사람들이나 하는 거지' 라며 자칫 돈이 많아야 분산투자를 할 수 있는 것으로 생각하기 쉽다.

　분산투자는 넓은 의미로는 금융자산, 주식, 부동산 등 자산별로 나누어 투자하는 것이다. 하지만 좁은 의미로 본다면 금융자산을 저축과 펀드로 나누어 투자하는 것, 더 작은 의미로는 펀드를 주식형/혼합형/채권형 펀드로 나누어 투자하는 것이다. 주식형 펀드를 국내펀드와 해외펀드로 나누어 투자하는 것, 국내펀드도 성장주펀드와 가치주/배당주펀드로 나누어 투자를 하는 것 그리고 해외펀드를 선진국과 이머징시장으로 나누어 투자하는 것 등이 모두 분산투자라 할 수 있다.

　2007년 지역별로 펀드의 연간수익률(12월 28일 기준) 자료를 보면 국내일반주식형 43%, 글로벌주식형 5%, 유럽주식형 −0.3%, 일본주식형 −9%, 중국주식형 58%, 인도주식형 62% 등으로 투자한 지역에 따라 수익률 차이가 극심한 것을 알 수 있다. 따라서 일본펀드에만 투자를 했을 경우 1년 동안 투자를 한 결과가 −9%일 수도 있고, 인도펀드에만 투자를 했을 경우 62%가 넘는 대박을 올렸을 수도 있다.

　하지만 지역을 골고루 배분하여 분산투자를 한 경우에는 대박은 아니어도 잃지 않고 평균수익을 거둘 수 있었을 것이다. 투자 결과는 99%의 노력과 1%의 운으로 결정된다. 투자를 할 때 위험은 줄이고 수익은 올리기 위해서는 반드시 지켜야 할 원칙이 바로 분산투자의 원칙이다. 이는 '몰빵투자는 금물' '나누는 것이 이기는 것이다' '계란은 한 바구니에 담지 마라'는 표현으로 대변되기도 한다. 피자도 하프 앤 하프로 한 번에 두 가지 맛을, 짬짜면으로 짬뽕과 짜(자)장면 두 가지 맛을 한 번에 만끽하듯이, 돈 역시 한 가지 투자에 집중하지 말고 바구니별로 적절히 나누어 투자하는 지혜가 필요하다.

20대 투자는 펀드와 적금을 몇 대 몇으로?

◆ '100 – 나이'의 법칙

- 안전한 자산과, 리스크를 감수하고 조금 더 높은 수익을 기대할 수 있는 투자(위험) 자산에 어떻게 분산투자를 해야 할까?

- 적금과 펀드를 몇 대 몇 비율로 나누어 투자를 해야 할까?

분산투자 원칙 중에 가장 일반적인 법칙이 '100–나이의 법칙'이다. 100에서 자신의 나이를 뺀 비율만큼을 펀드와 같은 위험자산에 투자하라는 원칙이다. 25세라면 매월 100만 원을 적립하려고 할 때 예금과 펀드의 비중을 예금 25만 원, 펀드 75만 원의 비중으로 분산투자를 하라는 뜻이다. 이 법칙에 따르면 나이가 젊으면 젊을수록 위험자산에 대한 비중이 높아지게 된다. 즉, 나이가 젊을수록 안전성보다는 수익성에 비중을 두어 자산증식을 위해 적극적인 투자 자세를 권하는 것이다. 이러한 이유는 앞으로 돈을 벌 수 있는 기간이 많이 남아 있기 때문에 공격적인 투자를 하다가 혹시 손해를 보더라도 이것을 복구할 시간이 많이 남아 있기 때문이다. 나이가 젊을수록 모아놓은 목돈을 굴리는 것보다는 목돈을 모으는 것이 목적이기 때문에 위험자산에 투자비중을 높여서 수익을 많이 낼 수 있는 자산에 투자하고 투자경험을 쌓는 것이 좋다. 이때의 투자경험은 모아놓은 돈을 본격적으로 투자를 해야 하는 30대, 40대에 돈을 주고도 살 수 없는 좋은 투자지침이 될 수 있다.

돈은 빚진 땅엔 뿌리를 내리지 않는다

재테크가 경제이론으로 완전무장을 해서 성공할 수 있는 것이라면, 고시공부를 하듯 몇 년이고 골방에 틀어박혀 공부하면 부자가 안 될 사람이 없을 것이다. 그러나 재테크는 딱딱한 경제지식만 가지고 성공할 수 있는 것이 아니다.

학창시절, 사회에서는 써먹지도 못할 함수를 배우면서 풀어내지 못하면 마치 인생의 낙오자가 되는 양 머리를 두드리며 공부를 해야 했다. 하지만 재테크는 시작부터 거시경제, 미시경제 공부하다 질식하는 것보다는 차라리 실전 재테크 정보를 얻을 수 있는 다양한 매체를 활용하는 것이 훨씬 효과적이다.

왜냐하면 재테크는 '지식, 결단력, 투자경험' 이렇게 세 박자가 맞아야 성공할 수 있는 확률이 높아지기 때문이다. 주식이나 펀드에 대해 아무리 좋은 정보를 알려주어도 이론적으로 완벽한 확신이 없다고 투자를 실행하지 못하면 양질의 정보를 못 얻은 사람과 결과적으로 다를 것이 없다. 강남아줌마가 성공적인 부동산 투자의 대명사가 되어버린 것은 그만한 이유가 있다. 아줌마들은 남자들에 비해 투자정보를 얻을 시간이 많고, 발로 뛰며 현장학습을 할 수 있었다. 또한 때에 따라서는 너무 논리적이지 않게, 취득한 정보를 바탕으로 될 것 같다는 판단이 들면 지르는 용기와 투자한 뒤 지긋이 묻어두고 기다릴 줄 아는 배포까지 있었기 때문이다.

강남아줌마가 처음부터 부동산 투자의 귀재가 될 수 없었듯 재테크는 반드시 어디서부터 시작해야 한다는 정도가 없다. 돈 버는 방법을 하나하나 알아가며 소액투자를 통해 재테크를 즐기다 보면 어느새 투자경험이 쌓이게 되고, 성공확률도 높아지게 된다. 남들이 재테크에 관해 어떤 고민을 하고 있는지, 어디서 돈을 벌고 있는지, 재테크 정보의 바다를 누비며 재테크를 쇼핑하는 연습부터 하자.

그럼 처음 재테크를 시작하는 20대 여성들은 어떤 것부터 실천하면 좋을까? 바로 절약이다. 돈의 사용처를 분명히 하여 소비하되 그 나머지 돈은 최대한 새나가지 않도록 관리하는 습관부터 들여야 할 것이다.

혹자는 절약해서 종자돈을 모으는 시대는 이미 지났고, 이제는 투자에 대한 확신이 있다면 분산투자도 필요 없이 될 만한 곳에 집중해서 투자하라고 한다. 필요하다면 남의 돈이라도 빌려 레버리지 효과(leverage effect: 타인 자본을 이용한 자기 자본 이익률의 상승효과)까지 동원해야 한다는 의견을, 피력하기도 한다. 상황이 이렇다 보니 '어머니의 절약정신을 배우자' 는 나의 지침이 독자들에게 고리타분하게 들릴지도 모른다.

펀드광풍이 몰아치다 보니 순애 씨 역시 적금 들었던 것이 만기가 되자 그 돈으로 대출을 갚는 것이 어리석은 짓인 것 같다. 차라리 펀드에 투자해서 투자수익을 올리는 편이 현명한 일은 아닌지 고민이다. 순애 씨는 2년 전 전세금을 올려주기 위해 1,000만 원을 대출

받았다. 대출금을 갚기 위해 꼬박꼬박 적금을 불입한 것이 어느덧 2년이 지나 이번 달에 만기가 되었고, 적금 타서 대출금을 갚으려다 보니 올해 국내펀드수익률이 연초부터 20%나 올랐단다. 적금을 해지한 돈을 펀드에 투자해서 지금처럼만 수익을 낼 수 있다면 대출이자로 10%를 내고도 10% 이상 수익을 챙길 수 있으니 그것이 당연히 남는 장사라는 생각이 든다. 어차피 매월 꼬박꼬박 물어오던 대출이자인지라 투자한 돈이 단기간에 수익이 안 나서 대출이자를 몇 달 더 낸다고 해도 부담이 추가로 생길 것도 없다는 생각이다.

:: 투자수익이 대출금리보다 1% 이상은 높아야 남는 장사다

1년 정기예금이자는 6%, 이자가 높다는 상호저축은행에 간다고 해도 8%를 넘지 못한다. 대출을 안 갚고 예금을 한다면 최소한 대출이자 10%보다 높은 이자를 받아야 하는데, 현시점에서는 예금이자로 10%를 주는 금융기관도 없거니와 수익률을 10%로 보장받을 수 있는 상품도 없다. 예금과 대출금리가 같은 10%일지라도 예금은 이자를 받을 때 15.4% 세금을 공제하고 주기 때문에 예금이자로 받는 실제 예금금리는 8.5% 정도밖에 되지 않는다. 하지만 대출이자는 에누리 없이 10%를 내야 한다. 따라서 예금과 대출이 금리가 같다면 예금이 이로울 것이 없다.

:: 원하는 수익을 보장받을 수 있다면 투자하라

최근 몇 년 동안 국내외 주식시장이 전례 없이 상승무드를 타는 바람에 펀드에 가입하기만 하면 고수익을 얻을 수 있을 거라는 생각을 하기 쉽다. 그러나 주식시장이 경제적 측면에서의 분석만으로 예측이 가능했던 시대는 지났다. 정치, 경제, 종교 등 글로벌시장의 모든 요인이 실시간 각국의 주식시장에 반영되고 있기 때문이다.

따라서 주식시장에 투자하는 위험도 여느 때보다 커지고 변동성도 커진 것이 사실이다. 투자자는 주식시장이 오를 때는 한없이 오를 것 같고, 내릴 때는 한없이 내릴 것 같은 착각에 빠진다. 그래서인지 상승장에서는 지나치게 용감해지고 하락장에서는 지나치게 두려워한다. 그렇게 만드는 게 주식시장이다. 그러나 애석하게도 상승장의 마지막 고지인지 오르는 장의 중간 단계인지를 지나고 나면 알 수 있지만 투자시점에서는 방향성을 판단하기가 매우 어렵다. 주식이나 펀드투자는 최소한 2~3년 이상은 굴릴 수 있는 여유자금으로 해야 한다는 것은 이러한 주식시장의 주기 때문이다.

설사 상승장의 마지막 고지에 탑승하여 투자를 하자마자 하락을 하게 되더라도 여유자금으로 투자한 경우는 다음 상승장까지 기다릴 수 있는 시간적 여유를 얻게 된다. 그러나 대출이나 몇 달 후에 쓸 자금을 가지고 투자를 한 경우는 대출이자가 부담이 됨은 물론이거니와 쓸 돈을 마련하지 못해 손해를 보고라도 펀드를 해지하게 되는 경우까지 발생하게 된다.

순애 씨가 대출 갚을 돈을 펀드에 투자해서 이득을 보려면 최소한 대출이자보다 높은 수익을 얻어내야 한다. 그러나 펀드는 확정금리도 아니고 대출금리보다 높은 연간 10% 이상의 수익을 내준다고 보장하는 펀드가 있을 리 없고, 원금보장이 안 되니 최악의 경우 펀드가 마이너스 수익을 기록할 경우 대출이자는 이자대로 내고 투자한 돈마저 손해를 보게 되는 최악의 상황이 될 수도 있다.

대출은 갚기 싫다고 갚지 않아도 되는 선택사항이 아니다. 언젠가는 갚아야만 될 부담이다. 쓰는 기간만큼 어김없이 정해진 대가를 지불해야만 하는 것이다. 욕심은 화를 부르기 마련이다. 언젠가는 갚아야 될 빚을 부담으로 안고 가면서 원금손실이 날 수도 있다는 위험을 감수해야만 하는 것일까. 조금 더 가지고 싶은 욕심을 위해 그렇게 펀드에 투자하고 매일 마음 졸일 필요는 없다.

돈 모으는 여자의 1% 투자 노하우 **TIP**

• 핸드폰 들고 다니듯이 신문을 들고 다녀라

신문을 들고 다니다 보면 잠시 시간이 날 때 한 번쯤 쳐다보게 되고, 그 모양이 부담스럽지 않게 익숙해진다. 종국에는 오늘의 기사가 궁금해서 신문 없이 못 산다는 짝사랑을 하게 된다.

- **인터넷 초기화면을 쇼핑 사이트에서 경제신문으로 바꿔라**

  신문사들의 홈페이지는 뉴스, 증권, 부동산, 금융, 창업, 교육 등 섹터별로 나누어 알짜 정보를 제공해준다. 신문사 홈페이지 정보의 장점은 '가장 최신정보', '검증된 신뢰할 수 있는 정보'를 제공해준다는 것이다.

- **내 문서에 재테크 폴더를 추가하라**

  재테크는 관심이다. 재테크, 경제신문, 부동산, 증권 사이트에서 필요한 알짜정보들만 모아 재테크 폴더에 담아놓으면 관심 백배, 효과 백배다.

- **부동산 사이트를 '즐겨찾기'에 추가하라**

  어떤 지역이 가장 입에 오르내리며 유망한 지역인지, 다른 사람들이 집을 사기 위해 얼마나 고민하고 노력하는지를 실감할 수 있다. 사돈이 땅을 사면 배가 아프다. 배 아프기 전에 땅 살 준비를 먼저 하는 것이 좋다.

- **연초 일간지를 스크랩하라. 돈이 보인다**

  신문들은 연초에 각국의 경제전망과 유망한 투자지역을 특집으로 다루는 경우가 많다. 그 기사를 스크랩을 해두면 내가 투자했던 지역과 비교하여, 올해 투자할 상품을 고르는 데 요긴한 길잡이로 사용할 수 있다.

- **투자정보를 제공해주는 금융비서를 채용하라**

  부동산 사이트나 재테크 사이트에 회원가입을 해두면 사이트를 방문하지 않아도 제도가 바뀌거나 꼭 알아두어야 할 재테크 정보들을 짤막하고 알기 쉽게 e-mail로 제공해준다.

• 뉴스를 일일연속극같이 보라

아침에 눈만 뜨면, TV 뉴스부터 틀어라. 아침 6시면 각 TV방송은 종합 뉴스를 진행하는 곳이 대부분이다. 밤새 펼쳐졌던 미국 주식시장 정보와 뉴스 그리고 정치, 경제, 사회 등 다양한 국내외 정보를 제공해준다. 시황정보를 얻기 위해 따로 시간을 투자할 필요 없이, 출근 준비를 하며 공짜로 발 빠르게 금융정보를 얻을 수 있다.

• 재테크 클럽에 가입하라

재테크는 '살기 위해 해야만 하는 머리 아픈 것'이라 생각하면 재미가 없다. 행복지수를 높이기 위한 수단으로 동호회에 가입하라. 주변에 나와 닮은 사람들하고만 어울리다 보면 세상 사람들이 다 나같이 사는 줄 착각하게 된다. 재테크 클럽을 통해 나와 다른 세계에 사는 다양한 사람들을 만날 수 있고, 돈 버는 방법, 돈에 대한 가치와 의미를 새로이 부여할 수 있는 또 다른 세상을 맛볼 수 있다.

• 증권사 사이트 한 군데쯤은 다운로드받아라

이제는 투자도 글로벌 시대다. 국내주식시장은 물론 해외주식시장도 투자한 내 돈의 수익률에 실시간 영향을 미치고 있다. 주식시장의 흐름을 체크하는 것은 기본이다. 증권사 홈페이지에서는 손쉽게 전 세계 주식시장 흐름을 한눈에 체크할 수 있다.

만 원도 1억처럼 쓸 줄 아는 명품여우

동부아프리카 우간다. 자연자원 풍부하고 기름진 땅이지만, 현실은 고단하다. 1990년대 무장 반군(叛軍)이 국토를 휩쓸면서 나라는 파탄이 났다. 고문과 납치를 자행하는 반군들을 피해 160만 명이 넘는 사람들이 난민촌에 모여 살고 있다. 지난해 휴전협정과 함께 내전은 공식적으로 끝났지만 후유증은 깊다.

지난 2004년 한 해에만 어린이 3만 3,000명이 반군에게 끌려갔다. 많은 소년들이 총칼로 살인을 강요받았다. 마을은 파괴됐다. 병원, 학교, 수자원 등 모든 것이 절대부족이다. 우간다 북부 키트굼(Kitgum)에 사는 아파치 제리(40) 씨는 25년 전 이름 모르는 외국인 후원자로부터 새끼 염소 한마리를 선물받았다. 당시 한국 돈으로 5,000원짜리였다고 한다. 염소가 자라자 그는 염소를 팔아 새끼 염소 한 쌍을 샀고, 이들이 낳은 새끼들을 팔아 송아지를 샀다. 그 송아지가 크자 다시 송아지 한 쌍으로 바꾸었다. 고등학교를 졸업하고 결혼을 한 제리 씨 가족은 지금 30마리가 넘는 소를 갖고 있다. 제리 씨는 그 와중에 국제구호기구 기아대책 키트굼지부 사회복지사로 취직했다. 그는 이 기구의 외국인 스태프들을 설득해 2년 전 염소 500마리를 구입했다. 어린이 개발 프로그램 책임자가 된 그는 집집마다 염소를 나눠주며 아이들에게 일렀다.

"소중하게 길러라. 새끼염소 한 마리가 너희들의 미래다. 너희들을 공부시키고 어엿한 가정을 꾸리게 해줄 보물이다. 나를 보아라. 내가 그렇게 성장해 오늘날 너희들을 돕고 있다."

태어나서 처음으로 자기 것을 가져본 아이들은 지금까지 염소들을 소중하게 키우고 있다.

현재 염소 한 마리 가격은 2만 원 정도. '돈 몇 푼으로 일궈낼 수 있는' 수많은 기적들 가운데 하나다. 8,000원이면 학교 가는 아이들 맨발을 보호할 운동화 한 컬레가, 1만 원이면 아이들이 말라리아모기를 피할 모기장이 생긴다.

(출처: 조선일보)

위 이야기는 단돈 5,000원으로 희망이 없던 아이에게 기적을 만든 이야기다. 이처럼 만 원짜리 한 장은 쓰는 사람에 따라, 쓰이는 곳에 따라 하찮은 가치의 '만 원밖에'가 될 수도 있고, 소중한 '만 원이나'가 될 수도 있다.

거액의 자산가들을 관리하는 나는 간혹 고객들의 소비성향을 보고 놀랄 때가 많다. 그들의 공통점은 꼭 필요한 것이 있을 때에도 가장 최소한의 돈을 지불하려고 애쓴다는 것이다.

수백억 원대 자산을 지닌 고객 L씨가 있다. 그의 재산은 정기예금 이자만 받아도 매년 10억 원이 넘는 이자를 받을 수 있다. 그러나 그는 해외여행 가서 쓸 5,000달러를 환전할 때도 여행을 떠나는 날까지 고민하고, 환율이 가장 쌀 때 가장 적은 돈을 지불하고 환전하려 애쓴다. 금융자산만 수십억 원을 가지고 있는, 회사 대표이사인 L씨의 사무실 빌딩은 겉으로는 시내에 있는 여느 빌딩과 다름없이 말끔하다. 하지만 사무실 집기는 1980년대를 배경으로 하는 영화에나 나올 법한 것들이다. 철제캐비닛과 나무 책상들 그리고 몇 년은 썼을 것으로 생각되는 테두리가 나달나달한 노란 결재커버들은 마치 시간을 거슬러 올라간 영화세트장을 연상케 한다.

이외에도 수십억 원대 자산가인 J사장은 시내에 나올 때는 번거롭다는 이유로 항상 지하철을 이용한다. 기업의 대표인 K사장은 값싸고 맛있는 집을 찾는 것이 취미다. 그가 좋아하는 메뉴는 푸짐하게 먹어도 5,000원으로 점심을 해결할 수 있는 북어국집과 길모퉁이에서 30년째 노부부가 운영하는 3,000원짜리 밥집이다. CEO인 L의 점심메뉴는 항상 칼국수와 스파게티다. 기업을 운영하는 Y대표는 한쪽 귀퉁이가 낡아 구멍이 나서 명동의 유명한 기술자도 리폼을 포기한, 20년 전에 산 서류가방을 들고 다닌다. 토지보상자금으로 갑자기 부자대열에 오른 P도 5,000원 하는 된장국과 1만 5,000원짜리 뷔페를 제일 좋아한다. ○○건설 회장님은 수십 년 전에 산 넥타이를 기워서 멘다. 지갑도 칸막이가 떨어진 지 오래다.

부자들의 절약노하우를 나열하자면 한도 끝도 없다. 일반적으로는 많은 재산을 가지고 있으면서도 필요한 생필품에조차 돈을 아끼는 부자들의 생활태도를 보며 "너무하는 거 아냐? 절약도 절약 나름이지. 나 같으면 저 정도 자산을 가지고 있으면 단돈 만 원 가지고 저러지는 않을 텐데 돈 있는 사람들이 더 지독하다니까", "그러게

평생 써도 다 못 쓸 만큼 재산이 있으면서 좀 쓰면서 살지 왜 저렇게 살지?"라며 평생 쓰고도 남을 돈을 쌓아두고도 쓰지 않는 그들을 보며 안타까워한다.

그러나 부자들이 우리가 돈을 당연히 써야 할 곳이라고 생각하는 곳에 돈을 쓰지 않는다고 해서 돈을 벌 줄만 알지 쓸 줄 모르는 구두쇠라고 흉보거나 험담할 필요는 없다. 부자들이 많은 재산을 모아 부자가 될 수 있었던 것은 돈이 없던 시절에도 지금과 같이 돈 쓰는 것에 신중했던 결과이기 때문이다.

사람들은 각기 돈을 쓰는 기준과 가치관이 다르다. 부자들은 공통적으로 돈을 써서 없어지는 곳에는 돈을 잘 쓰지 않는다. 그러나 돈을 써서 가치 있다고 생각하는 곳이나 돈이 불어날 수 있는 곳에 돈을 쓰는 것은 아끼지 않는다. 소비가 주는 즐거움보다 투자를 해서 돈을 불리는 것이 더 가치 있는 일이라 생각하며 투자한다. 지금 당장 좋은 차로 바꾸는 것보다 기부를 하는 것이 더 가치 있는 일이라 생각하며 기부를 하고, 10년 된 차를 자랑스럽게 몰고 다닌다.

돈 잘 쓰는 법은 돈을 가장 가치 있게 쓰는 것이다. 단돈 만 원짜리 한 장을 쓸 때부터 돈을 가장 가치 있게 쓰고 가장 행복해질 수 있는 곳에 쓰자.

만 원으로 어쩌다 한 번쯤은 우아한 커피숍에서 비싼 커피 한 잔 마시며 입 안 가득한 커피 향기로 잠시 동안 행복을 느낄 수도 있고, 혼자 영화 한 편을 보며 몇 시간 동안 꿈꾸던 인생을 살아볼 수도 있다. 보험에 넣어 혹시나 닥칠지도 모르는 불행에 대해 안전을 보장받을 수도 있고, 적립식펀드에 추가로 투자해서 풍요로운 미래를 준비하는 데 보탤 수도 있다. 거리의 자선냄비에 넣고 나눔의 행복을 얻을 수도 있다. 바위 위에 똑 떨어지는 물방울 하나는 지금 당장 거대한 바위에 아무런 변화를 일으키지 못하지만, 세월이 흐르면 미약한 물방울들이 거대한 바위를 갈라놓는 괴력을 발휘한다는 것을 우리는 알고 있다. 재테크의 묘미도 이와 같다. 적은 돈을 소중하게 생각하지 않고, 돈 쓰는 것에 신중하지 않으면 이미 금이 난 독에 열심히 물을 붓는 것과 같다.

"내 지갑 속의 만 원의 가치는 내가 결정한다."

지금 이 순간 지갑에서 만 원짜리 한 장을 꺼내 들 때 만 원의 효용을 최상으로 끌어올려 가장 가치 있는 곳에 쓰자.

3장

소비다이어트로 종자돈부터 마련하라

지출 5만 원 줄이기 대작전

오랜만에 만난 친구들과 밥 먹고, 커피숍 가고, 영화 한 편 보고 술자리로 마무리 한 후 잔돈으로 택시비까지 내고 나면, 그야말로 5만 원이 게 눈 감추듯 사라지는 건 일도 아니다. 일주일에 한 번씩 이런 모임이 있다손 치더라도 한 달이면 주말에만 20만 원이 넘는 돈을 소비하게 된다. 이외에도 5만 원으로 할 수 있는 건 너무도 많다. 최신 개봉영화 5편은 볼 수 있으며, 바빠서 챙기지 못한 가족의 선물을 살 수 있고, 그동안 사고 싶었던 옷도 살 수 있다. 이처럼 돈 5만 원은 우리가 일상생활에서 큰 부담 없이 소비할 수 있는 금액이다.

하지만 굳이 사용하지 않아도 될 만한 기호에 쓰이는 금액치고는 상당한 금액이기도 하다. 그래서 나는 재테크의 첫 번째 단계를 소

비다이어트로 정하고자 한다. 돈을 잘 사용하는 능력을 갖추는 일이
야말로 재테크에서 가장 중요하기 때문이다.

돈이라는 놈은 사람의 무의식에 들어앉아서 주인 행세를 한다.
본인도 의식하지 못하는 사이에 돈을 사용함으로써 지갑을 텅텅 비
우도록 만든다.

스타벅스 커피 한 잔을 마시는 일이 뭐가 대수냐고? 5만 원씩 모
아서 얼마나 큰 부자가 되느냐고 묻는다면 당신 또한 잘못된 소비문
화가 쳐놓은 덫에 걸려든 것이다. 돈은 현재가 아니라 미래를 기준
으로 그 가치를 판단해야 한다. 고로, 어떤 주인을 만나느냐에 따라
'5만 원 = 소멸되는 돈의 가치 0'이 될 수도 있고 '5만 원 = 투자하
여 얻을 수 있는 수익률 X를 포함한 무한정의 가치'가 될 수도 있다.

재테크의 시작은 커피 한 잔부터

돈 쓰는 것도 습관이고 돈을 쓰는 방법도 소비 스타일이나 기호에 따
라 다르다. 사람들은 비슷한 사람끼리 서로 편안함을 느끼고 친해지
게 마련이다. 친한 사람끼리는 가치관, 생활패턴, 취향 그리고 돈 쓰
는 것까지 닮은꼴인 경우가 많다. 그래서 대부분의 사람들이 자신처
럼 생활하는 줄 알고 자신처럼 돈을 쓴다고 생각하는 오류를 범한다.

지영 씨의 경우가 대표적이다. 그녀는 3년차 경력직으로 더욱 높

은 연봉을 받고 새로운 회사로 이직했다. 지영 씨는 이직한 회사의 여직원들과 함께 어울리다 보니 왠지 자신만 유행에 뒤처지는 것 같고, 그동안 젊음을 누리지 못했다는 자책감마저 들었다. 그녀의 회사에 다니는 여직원들은 L사와 B사의 명품 핸드백 한두 개는 기본으로 갖고 있으며, 업무를 끝내고 찾는 회식 장소도 값비싼 와인바만을 이용했다. 아마도 그녀들 또한 회사 주변에 고급 레스토랑이며 고급 와인바만 즐비하다 보니 그곳을 찾게 되었을 것이다. 그곳을 찾는 다른 이들과 구색이라도 맞추고자 회식이 있는 날엔 특별히 멋을 내고 회사에 출근을 했을 것이다.

　지영 씨 입장에서도 그녀들과 친해지니 보는 것, 먹는 것, 쇼핑하는 모든 것이 즐거움으로 다가왔다. 그동안 왜 이런 재미를 모르고 살았나 싶을 만큼 동료와의 시간이 행복하기만 했다. 상황이 이렇다 보니 지영 씨의 방에는 어느새 새로운 쇼핑백이 즐비하게 늘어섰고, 하루에 한 번 이상은 지갑에 쌓인 영수증을 내다 버려야만 했다. 이처럼 처음에는 구색이라도 맞추기 위해, 혹은 몸값이 오른 만큼 체면비용도 상승해야 한다는 생각 때문에 소비의 단위를 올렸다. 하지만 나중에는 소비를 충당하기 위해 돈을 벌어야 하는 상황에까지 몰리게 되는 것이다. 잘못된 소비습관이 한 사람의 전체적인 재무관리에 큰 영향을 끼치게 되는 셈이다. 나 역시 아름다울 때 꾸미라고 조언하고 싶다. 하지만 현명하게 자신의 월급 수준에 맞게 소비를 해야 그 아름다움도 계속해서 유지될 수 있다는 것을 말해주고 싶다.

돈이 충분해서 쓰고 싶을 때 다 쓰고 머리 아프게 계산기 두드려가며 짠순이 노릇 안 하고 살면 좋으련만, 대부분의 평범한 사람들은 평생 벌어도 넉넉하지 못한 살림살이를 하는 것이 보통이다. 돈이 부족할 때마다 항상 필요한 만큼 벌어서 쓸 수 있다면 지금 당장 돈이 없어도, 미래를 위해 저축하지 않아도 아무런 문제가 되지 않는다. 하지만 나이, 학력, 사회여건 등등의 많은 제약조건들이 시간이 지나면 지날수록 돈을 벌 수 있는 방법과 확률을 더욱 줄어들게 하는 것이 문제다.

결국 소득이 있을 때 돈을 잘 관리하고, 최대한 효율적으로 필요한 곳과 시기에 돈을 적절히 나누어 쓰는 것이 관건이다. 따라서 우리는 경제활동을 할 수 있을 때 번 돈으로 현재도 쓰고, 소득이 없는 미래에 쓸 돈까지 준비해야 한다. 한꺼번에 두 마리 토끼를 잡아야 하는 것이다.

재테크에 있어서 돈을 투자하는 것보다 중요한 것이 돈관리다.

1년 동안 1,000만 원을 만들려고 할 때 500만 원을 가지고 100% 대박을 내서 1,000만 원을 만들고자 한다면, 이것은 투자가 아니라 도박을 해야만 가능하다. 그러나 500만 원을 10% 수익을 내고자 투자하고 매월 40만 원씩을 추가로 저축해나간다면 1,000만 원이 만들어질 수 있는 확률은 100%다. 저축액은 늘리지 않고 적은 돈을 가지고 고수익을 좇는 것보다 돈 쓰는 습관을 바꾸고 돈관리를 잘해서 저축액을 늘리는 게 부자가 될 확률이 훨씬 높다.

모든 사람들이 아침에 눈을 뜨면서부터 자신과의 싸움으로 하루를 시작한다.

'5분만, 5분만….'

인생은 순간순간이 모두 자신과의 싸움의 연속이고 통제의 연속이다. 아침에 출근시간 10분 앞당기기가 얼마나 힘든 일인지, 순간순간 수많은 유혹을 이기려는 자신과의 싸움이 얼마나 고통의 연속인지 우리는 너무도 잘 알고 있다. 하물며 이미 몸에 배어버린 습관을 바꾸려면 상상할 수도 없는 고통이 따르게 마련이다.

지영 씨가 정리한 영수증에서 가장 많이 나오는 목록은 커피전문점에서 사용한 내역이었다. 회사의 입지적 조건 자체가 유동인구도 많고, 딱히 편안히 앉아서 쉴 공간이 많지 않은지라 스타벅스, 커피빈, 할리스 등 대형 커피전문점이 눈에 잘 띄는 곳곳에 들어서 있다. 그래서 회사 임직원들은 '커피전문점 때문에 직원들의 지각횟수가 늘었다'며 우스갯소리로 볼멘소리를 늘어놓는다고 한다. 아예 틀린 말도 아니다. 그 습관이라는 게 얼마나 무섭던지 5분만 지각해도 모닝커피로 스타벅스의 향을 즐길 수 있다면 기꺼이 지각을 선택하겠노라고 외쳐대는 샐러리맨들이 늘어나고 있는 것이다.

20대 여성의 기호품의 상징이 되어버린 스타벅스 커피 한 잔 값은 못해도 5,000원 이상을 호가한다. 한 끼의 점심값과 맞먹는 액수지만 그 정도쯤은 즐길 만한 자격이 된다며 점심시간 때는 길게 줄이 늘어서 있다. 매일 마시던 스타벅스 커피 한 잔을 줄이자고 외쳐대는 나를 야속하게 생각할지도 모르겠으나 하루에 커피 값 5,000원만 잡아도 한 달이면 막대한 투자금액이 되므로 그냥 지나칠 수가 없다. 무엇보다 돈을 지출하는 습관은 단지 돈만을 지출하는 것이 아니기 때문이다. 돈을 어디에 지출하느냐에 따라서 하루가 달라지고, 인생이 달라진다고 한다면 너무 심한 과장일까?

10만 원으로 하루 저녁 분위기 있는 곳에서 맛있는 것을 먹는 데 쓰느냐, 한 달 동안 헬스클럽에서 건강을 위해 투자하느냐, 자격증 취득을 위해 학원을 등록하느냐에 따라 시간을 소비하는 습관까지 달라지고, 하루가 달라지고 또한 인생이 달라진다.

돈을 아무리 많이 벌어도 쓰는 것을 잘못 쓰면 계속 부족하게 마련이다. 좋은 습관을 가지는 것은 자신에 대한 통제의 결과물이며, 나쁜 습관은 자신에 대한 통제를 상실한 결과다. 현명한 여우는 매 순간 자신을 통제하는 지혜가 있다.

:: 돈관리 잘하는 법

1. 돈을 정리정돈 하라

시대가 변해도 재테크의 기본은 '가계부'다. 가계부만 써도 재테크의 50%는 성공이다. 번 돈을 되는 대로 카드로 쓰고 나서 있는 돈 없는 돈 다 끌어다가 카드결제 하는 데 올인한다면 돈이 줄줄 새는 것을 막을 도리가 없다.

번 돈을 어디에 어떻게 소비하는지, 얼마를 저축하고 있는지 정리정돈을 잘해야 흘리는 돈을 줄일 수 있다.

2. 쓸 돈을 정해놓고 써라

돈관리를 잘하려면 소비지출을 위해 쓸 돈을 정해놓고, 정해진 돈 범위 내에서 지출하는 습관을 갖는 것이 가장 중요하다. 이 원칙을 지키려면 무엇보다 자신과의 약속을 어기지 않아야 한다.

3. 소비 스타일을 확인하라

돈을 효율적으로 쓰기 위해서 지출한 돈을 외식비, 의류비, 교통비, 통신비 등 항목별도 나눠라. 소비 스타일을 확인하고, 어디에 가장 많은 돈을 쓰고 있는지 확인하라.

4. 지출이 많은 항목부터 소비를 줄여라

어디에 돈을 가장 많이 쓰는지 지출 항목별로 지출이 많은 순부터 정리를 해보자. 돈 쓰는 것을 절약하려면 가장 지출이 많은 항목부터 줄여나가야 하는데 지출이 많은 원인은 "나는 이것만은 돈을 아끼고 싶지 않아"라고 스스로 정당성을 부여하며 과다하게 지출을 하거나, 자신도 모르는 습관 때문인 경우가 많다. 자신에게 어떤 소비습관이 있는지 찾아내어 습관을 줄이면 돈이 새는 것을 막을 수 있다.

5. 작은 돈부터 신중히 써야 새는 돈을 막는다

급할 때 정작 쓸 돈이 없다거나 돈이 줄줄 샌다는 생각이 드는 이유는 큰돈 쓰는 것에만 신경 쓰고, 작은 돈 쓰는 것에 신중하지 않은 결과다. 점심시간 후 스타벅스 한 잔씩만 줄여도 한 달이면 10만 원을 모을 수 있다. "티끌 모아 태산"이라는 옛 말을 잊지 말길.

돈은 빌리지도 빌려주지도 마라

사람과 사람이 함께 살아가는 데 서로에게 늘 힘이 되어주고 좋은 일만 공유하면서 살아갈 수 있다면 이상적이겠지만, 좋은 마음으로 배려해준 것이 예상치 못한 결과를 가져올 때 가슴에 지울 수 없는 상처를 안게 된다.

특히 사람과 사람 사이에 돈이라는 것이 개입되면 문제는 더욱 복잡해진다. 미국의 정치가이며 외교관, 과학자, 저술가인 벤자민 프랭클린은 다음과 같이 말했다. "돈의 가치를 알아보고 싶거든 나가서 남에게 돈을 꾸어달라고 요청해보라. 적에게 돈을 꿔주면 그를 이기게 되고, 친구에게 꿔주면 그를 잃게 된다." 이 말은 사람과 사람 관계에 돈이란 것이 개입되면 그 전처럼 좋은 관계를 유지한다는 것이 얼마나 어려운 일인지를 알려주고 있다. 독일의 철학자 쇼펜하우어도 "돈을 빌려달라는 것을 거절함으로써 친구를 잃는 일은 적지만 반대로 돈을 빌려줌으로써 도리어 친구를 잃기는 쉽다"라며 단지 돈의 문제가 돈만의 문제가 아니며 얼마나 복잡한 것인지 그리고 돈을 빌려주는 것이 최선의 선택이 아님을 분명히 말하고 있다.

이는 단 돈 만 원이라도, 빌려간 사람은 금방 잊어버릴 수 있어도 빌려준 사람은 시간이 흐를수록 새록새록 기억이 생생해지는 돈의 마력 때문이리라. 저명한 철학자나 저술가들도 돈 빌리는 것에 대해 부정적 시각을 피력하는 것을 보면, 동서양과 시대를 막론하고 돈을 빌려달라거나 보증을 서달라는 지인은 늘 존재하고 돈을 빌려준 사람이 마음고생을 하는 것은 변함이 없는 모양이다. 그렇다고 어느 날 찾아온 절친한 친구가 잠시 며칠만 쓰고 돌려준다고 100만 원만 빌려달라고 할 때, 당장 집이 경매로 넘어갈 판이니 경매기한 연장할 때까지만 잠시 융통해달라고 할 때, "미안하지만 안 돼"라며 거절하기란 말처럼 쉬운 일은 아니다.

그래서 좋은 마음으로 돈 빌려주고 돈을 받을 때까지 마음고생을 절절히 하거나, 아니면 당장 돈을 빌려주지 못하니 보증이라도 서주겠다고 하고 나면 그 순간부터 두 발 뻗고 잠자리에 들기는 힘들어진다. 괜히 보증 잘못 섰다가 빚쟁이에 쫓기거나 빌려준 돈 한 푼도 돌려받지 못하고 친구와도 원수가 되어버린 경우를 심심치 않게 볼 수 있는데, 진경 씨도 그중 한사람이다.

어느 날 진경 씨에게 고교 동창인 J가 점심식사를 하자며 연락이 왔다. 졸업 후 만나는 것도 처음인지라 오랜만에 학창시절 얘기를 할 생각에 마음이 부풀었다. J는 생각했던 것보다 많이 변해 있었다. "몰라보겠다, 얘. 우리 얼마 만이지? 그래, 졸업하고 5년 만이네" 하며 둘은 서로를 반갑게 맞이했다. 그리고 둘은 점심식사를 한 후 커피숍에서 그동안 서로 지내왔던 얘기며 학창시절 선생님과 친구들 얘기로 시간 가는 줄 모르고 수다를 떨었다. 진경 씨는 '역시 학창시절 때 만난 친구가 좋아. 이렇게 오랜만에 만나도 어색하지도 않고 어제까지 만났던 것처럼 편하잖아' 라며 J와의 시간에 만족하고 있었다.

그런데 만난 지 두 시간쯤 흘렀을 때 J가 망설이며 얘기를 꺼냈다.

"근데…."

"…."

"네가 들어줄지는 모르겠지만 사실은 나 부탁할 게 있어서 왔어."

"응? 얘기해봐."

"남편이 건축회사 현장에서 소장으로 있는데 현장에 불이 나는 바람에 남편이 2,000만 원을 변상하게 됐어. 남편 대출로 1,000만 원은 변상하고, 나머지는 내가 대출을 받으려고 해봤는데 보증인이 없으면 안 된다고 해서…. 네가 보증을 좀 서줄 수 있나 해서. 보증이 어려우면 혹시 네가 되는 대로 빌려주면 남편 월급 탈 때마다 네 돈부터 갚아줄게."

진경 씨는 속으로 '보증은 부모 자식 간에도 안 선다던데…' 라며 망설였다.

1,000만 원은 자신의 처지로도 3년은 적금을 넣어야 마련할 수

있는 거금이고, 보증을 서자니 어차피 친구가 돈을 못 갚게 된다면 대신 갚아야 되는 상황이 되어버려 1,000만 원을 빌려주는 것과 다를 바 없다. J의 사정을 들어보니 이번 것뿐만이 아니라 그동안 카드빚에 생활비도 쪼들려 빌려준다고 해도 그녀의 말처럼 매달 조금씩이라도 갚을 수 있는 상황은 아니어서 돈을 빌려주고 나서 받을 생각을 한다면 마음고생만 할 것 같다.

그렇다고 한 푼도 안 된다고 매몰차게 거절하자니, 직장을 다니고 있는데 합당한 이유도 궁색하고 친구의 얼굴을 똑바로 바라보며 거짓말할 자신도 없다. 진경 씨는 얼마 전에 탄 적금 300만 원이 생각났다. 월급에서 매월 25만 원씩 꼬박 1년을 부어서 탄 적금이었다. 그래도 이 정도면 받으면 좋고, 못 받는다고 해도 감당할 만한 돈이라는 생각이 들었다. 돈을 건네고 나니 오랜만에 만나 나누었던 학창시절의 아름다운 추억은 벌써 어디론가 날아가버리고, 알 수 없는 개운치 못한 감정만 남고 말았다.

그러다 약속한 한 달이 되었고 J로부터는 연락조차 없다. 일주일 후에는 핸드폰조차 정지되어 연락할 유일한 방법마저 없어져버렸다. '사정이 생겨서 그렇겠지', '곧 연락이 오겠지' 하는 마음으로 기다리려 해도 친구에 대한 섭섭함은 원망으로 바뀌었다. 못 받게 되면 포기하려고 마음은 정하고 있었지만, 막상 상황이 이렇게 되고 보니 힘들게 모았던 300만 원이 마음에서 떠나지 않는다. 그리고 어려워질 때마다 새록새록 생각이 나는 것을 어쩔 수가 없다.

돈은 빌리고, 빌려주는 것 자체가 문제의 시작이 되는 경우가 많다. 일반적인 사람이 타인에게 돈을 빌려야 할 상황까지 오게 된 경우라면 우선 자신이 가지고 있는 돈을 먼저 사용한 뒤 금융기관에서 자신이 융통할 수 있는 만큼 대출을 받아 사용하고, 고금리 신용카드 현금서비스까지 쓴 다음 최후의 수단일 가능성이 높다. 따라서 돈을 빌려주었을 때 갚는다고 약속한 날에 받을 수 있는 확률은 극히 희박한 경우가 대부분이다.

사람은 좋은데 돈 갚는 날짜 약속을 어기는 것이 다반사가 된 것은 세상에 돈만큼 마음대로 안 되는 것도 없기 때문이다. 우리보다 앞선 시대를 살아온 선인들이 돈을 빌려주면 돈 잃고 친구 잃기 십상이라고 충고하는 이유도 같은 맥락에서다. 수학적 공식으로는 왜 그렇게 되어야만 하는지 증명할 방법은 없지만, 그들도 필시 가까운 친구나 형제·친척에게 돈을 빌려주고는 돈도 잃고 가까운 사람과도 멀어져야만 했던 가슴 아픈 경험이 있었기 때문이리라. 돈 거래가 발생하는 순간 가까웠던 친구 사이가 빌린 사람 입장에서는 종속의 관계가 되기 쉽고, 빌려준 사람도 이전처럼 대하기가 어렵게 되어 빌려주는 순간 이미 이전의 편안한 관계로 돌아가는 것은 불가능해져 버린다.

돈은 빌려주지 마라. 관계를 유지하고 싶은 사람이라면 보증을 서달라거나 돈을 빌려달라고 할 때는 차라리 잠시 미안한 마음으로 대신하고 단호히 "NO!"라고 얘기하라. 사정이 안타까워 진정 도와주어야 두 다리 뻗고 잘 수 있는 상황이라면 돈을 돌려받을 생각일

랑 하지 말고, 차라리 돈을 주었다는 사실조차 잊어버릴 수 있는, 주머니 사정이 허락하는 범위 내에서 주는 것이 낫다. 돈을 빌리지도 마라. 누군가에게 돈을 빌려달라고 얘기하는 순간, 소중한 사람에게 빌려달라는 돈 이상의 커다란 마음의 짐을 지워주는 것이라는 사실을 잊지 말아야 한다.

돈 되는 곳에 돈을 써라

25세 은경 씨의 취미생활은 방 안에서 미국 시트콤 〈프렌즈〉를 보면서 맥주 한 캔을 마시는 일이다. 남들이 보기에는 집에서 웬 청승이냐며 욕할지 모르지만 그녀는 실생활에 필요한 영어회화 실력을 키우기 위해 취미 겸 영어학습을 하는 것이다. 그녀에게는 네 살 차이가 나는 남자친구가 있는데 최근에 외국계 기업에 취업을 했다. 어학연수를 다녀온 은경 씨보다도 유창한 영어회화 실력을 갖춘 그는 누가 봐도 네이티브 영어를 구사하고 있었다. 그녀는 남자친구의 학습 비법을 캐물어 그대로 답습하는 중이었던 것이다.

실제로 그녀의 남자친구는 영화광으로 자막을 보면서 영화를 즐기는 게 짜증이 나 영화 한 편을 콕 찍어 귀에 들릴 때까지 반복해서 관람했다고 한다. 은경 씨 역시 자신이 가장 좋아하는 〈프렌즈〉를 그와 같은 방법으로 영어공부에 이용하고자 하는 것이다. 그녀는 처음엔 월 30만 원이 넘는 강남의 어학원을 다녀볼까 고민을 하기도 했었다. 하지만 미국으로 어학연수를 다녀온 지 한 달도 안 되어 부모님께 손을 벌리기가 민망하기도 하고, 무엇보다 3주 후면 인턴십 과정 때문에 모기업의 출근을 앞두고 있는지라 다른 방법을 찾기로 한 것이다. 사실 세상물정 모르는 은경 씨에게는 대단한 발전이 아닐 수 없다. 그동안 그녀는 6개월 치 학원 비를 아무렇지도 않게 끊고, 2~3달만 다니고 그만둔 경우가 여러 차례 있었기 때문이다.

2008년 새해가 밝았으니 은경 씨 같은 여성들이 많을 거라 생각된다. 괜스레 의욕만 앞서다 보니 6개월 내지는 1년 치 수강료를 카드로 긁고, 3개월도 채 지나지 않아 학원을 그만두는 경우들이 많이 있다. 나는 이런 경우를 너무도 많이 봐온지라 참으로 안타깝다. 직장에 다니는 여성이라면 노동부 지원으로 수강료의 70~80%를 환급받는 과정이 많다는 사실을 알고 있을 것이다. 이는 결석을 할 시 불이익은 물론 회사에 통보하는 강한 조치까지 취해 자기계발을 하고자 하는 직장여성들에게 안성맞춤인 제도다. 하지만 이를 이용하지 않는 여성들이 상당수 있다. '자기계발에 드는 비용인데 이 정도 쓰면 어때?'라며 그럴듯한 합리화를 내세우지만, 나는 받을 수 있는 돈이라면 악착같이 받아내는 게 더욱 현명한 짓이라고 생각된다. 그것이 우리의 권리이며 돈을 한 푼이라도 절약하여 재테크에 응용할 수 있는 지름길이 되기 때문이다.

돈을 버는 것과 쓰는 것, 어느 쪽이 더 어려울까? 이런 질문을 던진다면 대부분의 사람은 "돈을 버는 것이 어렵지, 쓰는 것이 뭐가 어려워?" 하고 반문을 할 것이다. 그러나 세계적인 부자들이 하는 말 중에서 공통점 중의 하나는 돈은 버는 것보다 쓰는 것이 더 어렵다는 것이다. 그들은 대부분의 사람들이 일반적으로 돈을 벌거나 공돈이 생기면 돈을 불릴 생각은 안 하고, 돈을 어떻게 쓸까부터 궁리한다고 안타까워한다.

세계 라이터 시장의 30%를 점유하고 있는 중국 최대 라이터 회사인 따호라이터 사장은 39세까지 우체국에 근무하던 평범한 사람이었다. 맞벌이 부부로 빠듯한 생활을 하고 있었으나, 부인이 다니던 음료수 공장이 문을 닫게 되자 그의 우체국 월급만으로는 생활이 어려워지게 되었다. 결국 그는 우체국을 그만두고 부인의 퇴직금 65만 원으로 라이터 부품공장을 시작했다. 공장을 시작한 후 아들과 부인 세 가족이 함께 집을 나와 거처를 공장으로 옮기고, 사업에 실패하면 집으로 돌아가지 않겠다고 굳은 결심을 한다. 가족이 모두 공장에서 공원 5명과 함께 일하고 숙식을 해결하면서 밤낮이 따로 없는 생활을 5년간이나 지속했다.

2007년, 그는 연간 390억 원을 버는 세계 최고의 라이터 회사 사장이 되었다. 그러나 그들의 검소한 생활은 하나도 달라지지 않았다. 그는 지금도 밥을 먹으면서 일을 하고, 10년 전에 산 30평대 아파트에서 11년 전에 산 냉장고를 사용하며 살고 있다.

부자가 된 비결을 묻는 기자에게 그는 이렇게 말했다.

"사람들은 돈을 벌면 돈을 쓸 생각만 합니다. 하지만 우리는 요만한 돈을 벌면 어떻게 크게 불릴까를 생각합니다. 사람들은 이해할 수 없다고 하죠. 그렇게 힘들여 봤자 인생은 한 번뿐이라고, 얼마나 오래 살 수 있겠느냐고 말합니다. 왜 즐기지 않느냐고 합니다. 바보라고…. 하지만 우리는 그들을 바보라고 합니다. 이렇게 쉽게 벌 수 있는 돈을 벌지 않고 우리가 벌게 하니까요. 우리는 다릅니다. 우리는 정말 열심히 일합니다. 우리는 영원히 만족하지 않습니다."

(KBS스페셜 방영분 정리)

《게으른 백만장자》의 저자인 세계적인 부자 마크 피셔도 게으른 백만장자와 부지런한 가난뱅이의 차이점은 게으른 백만장자는 돈을 벌면 돈을 불릴 생각을 하고, 부지런한 가난뱅이는 돈을 벌면 돈을 쓸 궁리만 한다고 했다. 말의 근원은 알 수 없지만 나도 어머니로부터 귀에 못이 박힐 정도로 어렸을 때부터 들어온 말이 "돈을 번 자랑 하지 말고 쓴 자랑 하라"는 것이었다. 나의 어머니가 부자는 아니지만 어려운 살림 속에서 네 자녀를 키워내실 수 있었던 비결이라 생각된다.

적게 벌어도 돈 쓰는 것에 따라 미래가 행복해질 수 있고, 아무리 많이 벌어도 돈 쓰는 것에 따라 미래의 행복이 보장되지 않을 수 있다. 소득이 100만 원인 사람과 200만 원인 사람 중에서 누가 더 돈의 부족함을 느낄까? 일반적으로 소득이 적은 100만 원인 사람이라고 생각할 수 있으나, 오히려 소득이 200만 원인 사람이 돈에 대한 부족감을 더 많이 느낄 수 있다. 소득이 많은 사람은 많이 버는 만큼 소득에 맞는 소비생활을 하게 될 확률이 높다. 남들이 5,000원짜리 김치찌개를 먹을 때 1만 원짜리 돈가스를 먹고, 남들이 7만 원짜리 헬스클럽 다닐 때 20만 원짜리 골프 치러 다닐 확률이 많기 때문이다. 일반적으로 맞벌이 부부가 둘이 버니까 혼자 버는 외벌이 부부보다 저축을 훨씬 많이 할 것 같지만, 둘이 버는 만큼 서로의 씀씀이도 커지는 경우가 많다. 더구나 돈관리를 제대로 하지 못하면 외벌이 가구보다 오히려 저축률이 떨어지는 경우도 있다.

어느 날 나를 찾아온 70대 노부부의 한탄은 자신들과는 다른 자식들의 소비행태에 대한 아쉬움이었다. "지난주에 딸애 부부가 찾아와서 차 좀 사게 돈 좀 빌려달라고 하더라구. 요즘 애들은 어떻게된 게 집도 없으면서 차부터 산다고 돈을 빌려달라고 해. 돈이 없으면 차도 사지 말아야지. 우리 때는 집을 사고 차를 샀는데 요새는 집이 없어도 차를 사는 모양이지? 돈을 빌려서 집을 사면 집값이 오르기라도 하지만 돈을 빌려서 차를 사면 찻값은 내려가잖아. 간단한 이치도 모르는 모양이야"라며 한숨을 내쉬셨다.

세상이 변했고 세대차이가 있다고는 하지만 평생을 사치 한번 안하고 알뜰히 살아온 그분들로서는 도통 이해가 되지 않는 모양이었다. 돈을 현명하게 쓴다는 것은 기준을 정하기 어렵다. 현명하다는 것에 대한 기준도 제각기 다르고, 가치관도 다르기 때문이다. 하지만 한 가지 분명한 것은 돈을 잘 쓰는 방법은 돈을 없어지는 데 쓰지 않고 돈이 되는 곳에 쓰는 것이다.

돈 되는 곳이란 자신에 대한 투자일 수도 있고, 돈을 불리기 위한 투자가 될 수도 있다. 싸다고 1만 원짜리 가방 몇 개씩 사놓고 마음에 안 들어 사용하지도 않는 것보다는 20~30만 원을 들여 번듯한 가방 한 개를 사는 것이 더 현명할 수 있다. 또 스트레스를 풀어야 한다고 1개월 치 월급을 몽땅 털어야 살 수 있는 명품백에 질러버리고 후회하는 것보다는 다리가 부르트도록 아이쇼핑하고 차라리 그 돈으로 귀여운 금돼지 한 마리를 분양받는 것이 좋다.

이렇게 돈을 돈 되는 곳에 쓰다 보면 자신에게 투자한 결과 수입이 늘어난다. 소비하지 않고 투자하다 보면 자산이 어느 한계까지 늘어난다. 그 뒤부터는 자산이 불어나 내가 벌어들이는 소득 외에 또 하나의 수입원을 만들어주는 효자 노릇을 하게 된다. 돈을 현명하게 쓰는 법! 그것은 '돈 되는 곳에 돈을 쓰는 것' 이다.

충동구매와 이별하라

홍미희 씨는 1년에도 몇 번씩 명품 바겐세일을 즐기기 위해 홍콩이나 이탈리아까지 원정을 갈 정도로 명품중독이었다. 몇 년 전 몰아닥친 신용카드 대란 때는 제대로 위기를 맞아 신용불량자의 나락까지 떨어지기도 했다. 그 결과 자신들의 생활조차 힘겨운 부모님에게 상상할 수도 없는 금액의 카드빚을 안겨 씻을 수 없는 고통을 안겨 주었다. 그녀는 부모님 볼 낯이 없게 되자 결국 집까지 나오게 되었다. 막상 집은 나왔지만 변변한 거처가 있을 리 없었다. 집을 나온 후 한동안은 갈 곳이 없어 친구 집에 얹혀살았으나 눈칫밥 먹는 것도 하루 이틀이지 몇 달 후 간신히 보증금도 없는 월세방을 구해 나와야 했다. 매달 갚아야 하는 카드빚 때문에 어떤 때는 끼니를 해결할 라면조차 없어 서러움에 눈물 흘리며 20대 대부분의 시간을 카드빚을 갚는 데 보내야만 했다.

신용카드는 사용과 결제의 편리함을 주는 대가로 소비에 대한 많은 유혹들로부터 자신을 지킬 인내와 자기통제를 요구한다. 제아무리 꼼꼼하게 관리를 하는 사람일지라도 신용카드를 사용할 때마다 사용액을 관리한다는 것은 누구나 쉽게 할 수 있는 일은 분명 아니다.

현금지출은 번거롭고, 신용카드는 통제가 안 되고, 쇼핑 때마다 강림하시는 지름신을 잠재워 줄 수 있는 카드가 있다. 바로 '체크카드'다.

체크카드는 사용과 동시에 통장 잔액에서 바로 인출되기 때문에 통장 잔액 범위 내에서만 사용이 가능하다. 월급 중에서 한 달에 사용할 용돈을 정해서 용돈통장에 옮겨 놓은 후 체크카드를 사용하는 것이 용돈관리의 포인트다. 체크카드는 통장에 카드사용 내역이 기록되어 통장거래 내역을 보면 언제나 지출내역을 한눈에 알아볼 수 있어 가계부를 따로 적을 필요도 없다.

• 홍미희 씨의 통장 체크카드 결제내역

거래일자	내용	찾으신금액	맡기신금액	비고	잔액
2007-05-03	비자체	₩ 3,650		던킨도너츠파이	₩ 189,103
2007-05-12	비자체	₩ 18,000		파리바게뜨	₩ 171,103
2007-05-20	비자체	₩ 35,000		야구만들기	₩ 136,103
2007-05-25	비자체	₩ 25,000		도미노피자(행)	₩ 111,103

또한 신용카드처럼 카드 종류도 다양하여 소비 스타일에 맞는 체크
카드로 골라 쓰면 리워드에 할인혜택까지 재테크 효과가 2배다. 물
론 신용카드처럼 소득공제까지 받을 수 있다.

충동구매를 줄이고 합리적인 소비를 위한 체크카드의 효과를 백
배 올리기 위해서는 어떻게 해야 할까? 무엇보다도 정해진 금액 범
위 내에서 지출하고자 하는 자신과의 약속을 철저히 지키려는 노력
이 필요하다.

• 체크카드 VS 신용카드

체크카드	신용카드
•누구나 가입 가능	•신용도, 소득 능력에 따라 가입 여부 결정
•외상은 NO! 통장에 돈이 있어야 사용할 수 있다	•외상결제가 가능하다
•사용 즉시 통장에서 바로 결제	•한 달에 한 번 결제일에 결제
•할부는 NO!	•카드에 따라 무이자 할부 가능
•신청 즉시 발급 가능한 은행도 있음	•신청 후 발급까지 일주일 정도가 일반적

정기보너스나 성과급, 특별 보너스는 월급쟁이들이 목돈을 만들 수 있는 절호의 찬스다. 보너스 나올 것을 미리 감안하여 쇼핑을 하고 보너스를 카드결제 하는 데 써버리는 것보다, 생각지도 못한 특별 보너스라도 알뜰히 저축통장으로 옮겨 놓고, 용돈통장 잔액으로 버티기를 시도해보자. 적어도 돈을 소비할 때 세 번쯤은 생각하고 지출하는 변화된 자신을 발견할 수 있다.

신용카드와 체크카드의 가장 큰 차이점은 소비를 한 이후에 느껴지는 마음의 무게다. '3개월 무이자 할부야'라며 9만 원짜리를 3개월로 긁으면 '한 달에 3만 원밖에 안 되네'라며 금세 자신의 행동에 대한 합리화가 이뤄진다. 할부된 개월 수만큼 죄책감도 쪼개어진다는 말이다. 하지만 체크카드를 사용할 때는 마음의 짐이 2배로 든다. '통장 잔액이 얼마 안 남었어. 일주일 동안 아껴 써야겠다'라며 자신의 생활을 추스르게 되는 것이다.

왜 자산관리 전문가들이 20대 여성들에게 유독 체크카드를 사용하라고 하는지에 대해 궁금증이 풀렸을 것이다. 한번 잘못 들인 소비습관은 쉽게 고쳐지지 않는다. 소비도 중독이 되기 때문이다.

'아름다울 때 꾸며줘야지', '결혼하면 날 위해 쓰지도 못하는데', '이거 안 사면 잠도 안 올 것 같아' 등 소비를 할 수밖에 없는 이런 저런 이유로부터 탈출하기 위해서라도, 20대 여성들이여, 부디 체크카드를 사용하자.

- **너무 많지도, 너무 적지도 않은 적정한 용돈을 정하는 것이 관건이다**

절약하겠다고 처음부터 용돈통장에 평소 지출하던 용돈보다 너무 적은 돈을 할애하면 평소 소비하던 습관이 있기 때문에 돈이 모자라게 되어 낭패를 보거나 절약하고자 했던 계획까지 이내 포기해버리기 쉽다. 돈이란 쓰다 보면 항상 부족하지, 남는 법이 없단다. 부족할 때마다 예비비통장의 돈을 옮겨서 사용하거나 신용카드를 사용해서는 안 된다. 용돈 금액은 처음에는 다소 관대하게 정해놓다가 차츰 금액을 줄여나가는 것이 요령이다.

- **예비비통장을 마련하라**

용돈 범위 내에서 지출하되, 특별히 꼭 지출할 긴급한 일이 생기면 예비비통장을 활용한다.

- **마이너스 통장에 체크카드를 연결하는 것은 금물이다**

체크카드를 사용하는 것은 용돈으로 정해진 통장 잔액 범위 내에서만 지출하는 것이 목적이다. 통장에 잔액이 없어도 마이너스로 지출이 될 수 있는 마이너스통장에 연결하여 사용하면 오히려 신용카드를 사용할 때보다 지출을 통제하기가 어려워지게 되고, 밑 빠진 독에 물을 붓는 결과가 되어버린다.

체크카드 결제계좌와 마이너스 통장은 따로 관리하는 것이 요령이다.

- **소비성향에 맞는 체크카드를 선택하라**

체크카드도 종류에 따라서 신용카드처럼 소비 스타일에 따른 각종 할

인은 기본이고, 사용액에 따라 현금 리워드를 제공하는 경우도 있다. 또한 마일리지나 포인트 적립혜택을 받을 수 있는 카드도 있다. 서비스 내용이 다양한 것보다 주로 많은 지출이 이루어지는 소비성향에 맞는 체크카드를 선택하는 것이 요령이다.

- **돈 다 주고는 억울해서 못 산다**

연회비 면제, 할인이나 우대는 기본이다. 리워드도 꼼꼼하게 챙기자.

- **체크카드 쓴다고 신용카드의 할인혜택을 포기하지 마라**

요즘 알뜰족은 지갑 속에 할인받을 수 있는 신용카드 구색 맞춤은 기본이다. 신용카드로만 받을 수 있는 할인혜택을, 체크카드를 써야 한다고 포기할 이유는 없다. 꼭 지출해야 하는 것이라면 신용카드로 결제한 후 지출관리를 위해 이번 사용액만 별도로 미리 결제하는 방법을 사용하면 된다.

펀드재테크, 5만 원으로 시작하라

4장

커피 10잔 값의 비밀

"5만 원으로 펀드투자 할 수 있어요?"라는 질문을 받을 때마다 내가 내놓는 말이 있다.

"그럼요. 물론입니다"라며 천사처럼 웃으며 얼마든지 답을 해줄 수 있다. 펀드투자의 최대 장점은 소액으로도 투자가 얼마든지 가능하다는 점이다. 특히 이제 막 사회에 진출하여 소득수준이 높지 않은 새내기 초년생들에게 펀드투자는 주식이나 부동산 투자에 비해 진입장벽이 낮은 편이다. 처음에는 5만 원 단위로 불입을 시작할지라도 수익률 관리를 하는 요령이 생기면 5만 원씩 추가매수를 하여 수익률을 극대화시키는 방법도 있다. 처음부터 감당하지도 못할 고액으로 펀드에 가입하여 머지않아 환매를 신청, 손실을 내는 쪽보다는 차라리 5만 원으로 시작하여 조금씩 불입액의 금액을 늘려가는 방법이야말로 더욱 큰 수익을 챙길 수 있는 것이다. 자, 2주 동안 커피를 끊고 모은 돈 5만 원이 준비되었으니 이제부터는 펀드에 대해 알아보도록 하자.

펀드에 투자하는 돈은 색깔도 달라야 한다

투자에 많은 목돈이 있어야 하는 부동산 투자와는 달리 주식이나 펀드 투자는 소액으로도 할 수 있다는 것이 장점이다. 2007년 11월 펀드잔고가 269조 원으로 정기예금잔고 268조 원을 이미 넘어섰다. 2005년 말 22조 원이던 주식형펀드 잔고는 2006년 말에는 42조 원, 그리고 2007년 11월에는 100조 원으로 2년 만에 5배가 불어났다. 과연 펀드광풍이라 해도 과언이 아니며, 아직도 주식시장으로 들어오는 돈은 그칠 줄 모르고 있다. 투자도 유행을 따라야 돈을 벌 수 있고, 돈이 몰리는 곳에 투자를 해야 돈을 벌 확률이 많다. 앞으로는 주식이나 펀드에 투자를 하지 않고서는 재테크를 생각할 수도 없는 시대가 되어버렸다.

　펀드투자를 하기는 하는데 펀드 안내장을 들여다보면 생소한 용어가 많아 도통 무슨 얘기인지 알아볼 수가 없다. 어디 가서 펀드에 대해 교육을 받을 데도 없고, 주변 누구에게 물어봐도 똑 떨어지는 얘기를 듣기도 어렵다. 그렇다고 남의 말만 듣고 열심히 번 돈을 어떻게 굴려주는지도 모르는 채 투자할 수는 없다. 어차피 수익이 나든 손해가 나든 아무도 책임을 대신 감당해주지는 않기 때문이다.

펀드IQ를 높인다면 펀드가 반드시 어려운 것만은 아니다. 용어 하나부터 시작해서 상품 안내장이나 운용보고서를 볼 수 있을 정도의 간단한 상식 정도만 알아도 수익률 1%는 더 챙길 수 있다. 돈을 모을 때는 무작정 돈을 모으는 것보다 결혼자금, 주택자금, 노후자금 등으로 모으는 돈마다 꼬리표를 달아서 모아야 효율적으로 돈을 모을 수 있다. 돈의 꼬리표마다 투자할 수 있는 기간이 달라져야 하고, 투자할 수 있는 기간에 따라 예금으로 해야 할지 펀드로 해야 할지 투자할 상품도 달라져야 한다.

나영 씨는 6개월 후에 사용할 결혼자금을 펀드에 투자했다가 손해를 보게 된 사례다. 6개월 후 결혼이 예정되어 있는 나영 씨는 대학시절 편의점 아르바이트를 할 때부터 결혼자금에 쓰려고 모은 1,500만 원의 적금을 탔다. '요즘 펀드수익률이 좋다던데 몇 달이라도 펀드에 투자를 해서 돈을 좀 불릴 수 있으면 예쁜 신혼가구 하나라도 더 건질 수 있지 않을까?' 하는 생각에 유명한 펀드 2개를 골라 투자를 시작했다.

그 후 결혼식이 2개월여 남았을 즈음 결혼준비를 시작해야 하는 그녀는 마음이 편치 않다. 펀드에 투자한 지 4개월이 지났지만 투자수익률은 −4%에서 회복할 기미를 보이지 않고 있기 때문이다. 앞으로 2개월 내에 펀드수익이 어떻게 될 것인지 상담을 요청해보았지만, 현재는 마이너스지만 장기적으로는 전망이 좋으니 기다리라고 얘기할 뿐 곧 돈을 써야 하는 나영 씨의 답답한 마음을 아는지 모르는지 뾰족한 얘기가 없다.

돈을 쓸 수 있는 방법은 펀드를 담보로 대출을 받든지, 아니면 손실이 난 채 환매를 해야 했다. 대출을 받으려고 하니 투자한 돈의 50%밖에 안 되어 돈이 부족할 뿐만 아니라 대출이자도 내야 한다. 펀드 환매를 하자니 거금 60만 원이 날아갈 판이다. 두 달 내에 수익률이 회복된다는 보장도 없고 오히려 손실이 더 커질 수도 있으니 손실을 감수하더라도 펀드를 환매할 수밖에 없었다. 결국 단기간에 수익률 좀 올려서 예쁜 신혼가구 하나 더 마련하려던 나영 씨의 야무진 꿈은 오히려 세탁기 한 대를 날려버리고 말았다.

나영 씨처럼 언제 쓸지도 모르는 비상자금이나 몇 달 후에 사용할 예정이 되어 있는 자금을 욕심내어 펀드에 투자를 하게 되면 돈을 써야 할 때 낭패를 볼 수 있다. 펀드를 투자할 때는 적어도 1~3년 이상의 장기적인 전망을 가지고 투자를 하기 때문에 며칠 혹은 몇 달 후에 주식시장이 오르고 내릴지에 대한 향방을 맞춘다는 것은 제아무리 탁월한 전문가라도 불가능한 일이기 때문이다. 따라서 펀드에 투자하는 자금은 가입한 후 단기적으로는 수익률이 마이너스가 날지라도 다시 회복할 때까지 참고 기다릴 수 있는, 적어도 2~3년 후에 사용할 자금이나 여유자금으로 투자를 해야 한다.

잘 고른 펀드 하나, 열 남자 안 부럽다

하루가 멀다 하고 쏟아지는 펀드는 도대체 종류가 몇 가지나 되는지도 모르겠다. 이름은 왜 그리도 길고 어려운지 영어단어 외우는 것보다도 어렵다. 펀드투자를 하고 싶어도 어떤 펀드에 투자를 해야 하는지, 좋은 펀드를 사려면 어디로 가야 할지, 금융기관에 가서 어떤 사람과 상담을 해야 하는지 막막하고 복잡하기만 하다.

수백여 가지는 족히 넘을 펀드들 중에 좋은 펀드는 어떻게 골라야할까? 국내주식시장에 투자하는 국내주식형펀드도 어떤 펀드에 투자를 했느냐에 따라 1년 수익률이 19~52%까지(2007년 5월 기준) 투자수익률도 천차만별이니, 좋은 펀드 고르는 법을 알아두는 것은 기본이다. 국내에서 펀드들의 정보를 종합적으로 제공해주고, 펀드들을 비교해서 평가하는 펀드평가회사는 제로인 펀드닥터(www.funddoctor.co.kr), 한국펀드평가(www.fundzone.co.kr), 모닝스타코리아(www.morningstar.co.kr)가 대표적이다. 이들 펀드평가회사들은 각각 나름대로의 평가기준으로 펀드를 평가해서 위험과 수익률에 기준을 두어 가장 우수한 펀드에 별 5개나 태극마크 5개를 부여하는 식으로 1~5등급으로 나누어 펀드등급을 부여하고 있다.

또한 펀드를 국내펀드/해외펀드로 나누고, 주식형/혼합형/채권형 등 유형별로 나누어서 동일유형별로 1개월/3개월/6개월/1년 등기간별 수익률을 기준으로 순위정보도 제공한다. 무엇보다도 요긴한 자료는 각각의 펀드에 대해 제공하는 분석자료다. 펀드분석자료에는 펀드 특징, 과거 수익률 정보, 위험분석, 기간별 펀드수익률 순위, 투자대상, 펀드가 보유하고 있는 종목, 펀드운용사 그리고 판매하는 금융기관 정보까지 망라되어 한눈에 알 수 있게 했다.

:: 좋은 펀드의 4가지 조건

1. 수익률 순위가 꾸준히 상위권인 펀드

펀드를 고르는 방법은 여러 가지가 있지만 수익률 자료만 꼼꼼하게 살펴보아도 좋은 펀드를 가리는 안목은 가질 수 있다. 김치도 묵은 지가 맛있듯이 기왕이면 그동안 수익을 못 냈던 펀드보다는 오랜 기간 꾸준히 수익을 잘 냈던 펀드가 앞으로도 잘될 가능성이 높다. 펀드평가회사 홈페이지를 방문해서 TOP 펀드를 클릭한 후 평가 유

● TOP펀드

평가유형	설정액	기간	기준일		
일반주식 성장형	100억원 이상	3개월	2007.05.28	검색	도움말

1) 최저 금액은 채권형 50억원 , 나머지 10억원이상 입니다.
2) 펀드명을 클릭하시면 상세내역을 보실수 있습니다.

[대상펀드 : 185개]

[단위:억원, 원 ,% ,%p]

No.	펀드명	운용사	설정일	순자산액	기준가	3개월	BM초과율	
1	미래에셋3억만들기중소형주식 1(ClassA)	미래에셋자산	05.01.26	656	1,213.86	34.60	23.79	등록
2	동양중소형고배당주식 1	동양운용	05.03.08	696	1,316.61	32.71	21.90	등록
3	유리스몰뷰티주식 C	유리운용	04.08.16	906	1,545.58	31.91	21.10	등록
4	CJ지주회사플러스주식 1-C1	CJ운용	07.01.15	1,043	1,380.33	30.92	20.11	등록
5	세이가치형주식(종류형)A 1	SEI에셋운용	06.10.17	1,574	1,403.44	27.59	16.78	등록

(출처 : 제로인 펀드닥터)

형, 설정액, 기준 일을 원하는 항목으로 선택한 다음, 기간을 1개월, 3개월, 6개월, 1년, 2년, 3년 등으로 변경해 항상 상위권에 들어 있는 펀드를 주시하라.

앞의 표는 100억 원 이상 팔린 일반 주식형펀드 185개 중 2007년 5월 28일 기준으로 3개월 수익률을 비교해서 가장 수익을 많이 냈던 펀드부터 나열한 것이다. 이처럼 수익률 기간을 3, 6 , 9, 12, 24, 36개월 등으로 변경해보면서 살펴보라. 꾸준히 상위에 진입해 있는 펀드라면 좋은 펀드다.

2. BM(벤치마크)지수나 같은 유형 펀드보다 성과가 우수한 펀드

비교의 기준지수라고 할 수 있는 BM지수나 같은 유형 펀드들의 평균과 성과를 비교해보는 것도 좋은 방법이다. 좋은 펀드는 기간별로 벤치마크지수나 같은 유형의 다른 펀드와 비교하여 꾸준하게 더 많은 수익을 내는 펀드다.

• 수익분석(2007.05.28)

구분	1M	3M	6M	12M
펀드수익률	9.77	24.95	27.96	39.43
%순위	20	3	4	2
BM수익률	5.59	10.81	13.07	20.77
유형평균수익률	8.15	17.63	19.86	26.39

• 수익률 차트(2007.05.29)

(출처 : 제로인 펀드닥터)

예시한 펀드의 한 달 수익률은 9.77%, 벤치마크지수 수익률은 5.59%, 같은 유형 펀드의 평균 수익률은 8.15%다. 따라서 펀드의 1개월 수익률은 벤치마크지수보다 +4.18% 그리고 같은 유형 평균 수익률보다 +1.62% 더 높은 수익을 실현하고 있다. 3개월, 6개월, 1년 기간에서도 모두 더 많은 수익을 내고 있음을 알 수 있다. 같은 유형 펀드 전체 185개 중에서 1개월 수익률로는 20위, 3개월 수익률로는 3위, 6개월 수익률로는 4위, 12개월 수익률로는 2위를 하고 있는 우수한 펀드다.

• 수익분석(2007.05.28)

구분	1M	3M	6M	12M
펀드수익률	6.90	13.10	10.23	9.14
%순위	66	77	99	100
BM수익률	5.59	10.81	13.07	20.77
유형평균수익률	8.15	17.63	19.86	26.39

• 수익률 차트(2007.05.29)

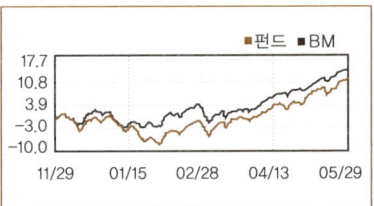

(출처 : 제로인 펀드닥터)

반면에 위의 펀드는 1개월, 3개월, 6개월, 12개월 어느 기간을 살펴보아도 벤치마크수익률이나 같은 유형의 평균수익률보다 저조한 수익을 실현하고 있다. 수익률이 벤치마크지수나 같은 유형 평균 수익률과 비교하여 어떤 기간에는 더 잘하고 어떤 기간에는 더 못해서 수익률이 들쭉날쭉한 펀드보다는 수익률이 항상 우수하고, 상위권에 있던 펀드라면 앞으로도 계속 잘될 확률이 높다.

3. 판매회사가 많은 펀드를 고르면 안전하다

이것도 저것도 잘 모르겠다면 판매회사가 많은 펀드를 골라라. 펀드는 펀드를 운용하는 자산운용회사가 있고, 은행이나 증권회사가 판매를 담당한다. 은행이나 증권사도 판매하는 펀드가 수익률이 좋아서 펀드가 많이 팔려야 좋다. 또한 수익률이 좋아야 고객들로부터 신뢰를 쌓을 수 있어서 앞으로도 추가판매하기가 좋기 때문에 전문가가 펀드에 대해 면밀히 점검을 한 후 어떤 펀드를 판매할지 결정하게 된다. 따라서 판매회사가 많다는 것은 1차 관문인 각 판매회사의 전문가들로부터 좋은 점수를 받은 곳이 많다는 것이다.

4. 펀드자산 규모가 크고, 커지는 펀드에 가입하라

펀드의 규모가 수익률을 결정짓는 것은 아니다. 그러나 주어진 시간이 정해져 있다면 중요한 일부터 처리하게 되는 것이 보통이다. 관리해야 될 펀드가 여러 개 있을 경우, 펀드규모가 너무 작으면 관리에서 소외될 가능성이 있고, 펀드규모가 크고 주목받는 펀드에 실력 있는 운용매니저를 배치하거나 관리하는 시간을 집중하게 되는 것은 당연한 일이다. 따라서 펀드규모가 줄어드는 펀드보다는 점점 늘어나는 펀드가 좋다. 특히 적립식펀드는 자금규모가 큰 대형펀드에 가입하는 것이 좋다. 1,000원짜리 사과 한 개를 고를 때도 색깔은 좋은지, 꼭지는 싱싱한지 꼼꼼하게 살펴보고 맛있는 사과로 골라서 사 먹는데 하물며 소중한 돈을 투자하는 펀드를 대충 고를 수는 없다. 좋은 펀드 고르는 안목을 키워서 더 까다롭게, 더 신중하게 내 입맛에 맞는 맛있는 펀드로 골라서 먹자.

'언제' 찾을까를 고민하라

펀드투자의 백미는 언제 투자하느냐보다 언제 찾느냐에 있다. 왜냐하면 환매는 펀드수익을 찾아서 내 돈으로 확정 짓는 것이기 때문이다. 펀드투자의 백미를 제대로 맛보기 위해 찾을 때 반드시 알아두어야 할 규칙이 환매수수료와 환매방법이다.

순자 씨는 환매수수료를 몰라 12% 수익을 챙길 수 있다는 기쁨이 30분 만에 사라진 경우다. 순자 씨는 8월부터 차이나펀드에 투자한 500만 원이 3개월여 만에 560만 원으로 불어나 있는 것을 발견했다. 정기예금이자의 2배가 넘는 12% 수익이다.

"지금 찾을까, 수익을 더 올려서 찾을까, 수익률이 하락해버리면 다시 얼마의 기간을 기다려야 할지도 모르는데…."

펀드를 일단 찾아야겠다는 생각에 은행으로 향했지만, 결국 펀드를 찾지 못하고 돌아왔다. 펀드를 가입한 지 3개월이 채 되지 않았기 때문에 수익 60만 원 중 30만 원은 환매수수료로 공제하고, 30만 원밖에 못 받게 된다. 환매수수료를 지불하고서라도 펀드를 꼭 찾아야겠다면 찾되, 그것이 아니라면 최소한 6개월이 지나는 3개월 후에 찾아야 환매수수료를 내지 않고 수익을 제대로 받을 수 있다는 얘기를 들었기 때문이다. 순자 씨가 가입한 펀드는 일반적인 펀드와는 달리 환매수수료 기한이 180일 이내 환매 시 50%였던 것이다.

환매수수료는 대부분의 경우 30일 이내 환매 시 70%, 90일 이내 환매 시 30%식으로 표기되어 있으나 펀드에 따라서는 환매수수료가 없는 것도 있고 환매수수료 기간이 훨씬 더 긴 것도 있다.

주식형펀드는 수시입출금식이 아니기 때문에 주로 주식이나 채권에 장기로 자금을 운용하게 된다.

만약 투자자들이 수시로 돈을 넣고 뺀다면, 투자금을 언제 얼마나 돌려주어야 될지 모르게 된다. 그렇게 되면 돈을 효율적으로 투자하지 못하고 많은 돈을 환매대기자금으로 저금리로 보유하고 있어야 한다. 투자를 했다가도 환매해주어야 할 현금이 부족하면 환매금을 돌려주기 위해 주식이나 채권을 급하게 저가로라도 팔아서 돈을 내주어야 하므로 나머지 투자자들에게 손해를 주게 된다. 뿐만 아니라 운용사도 투자철학에 따라 마음 놓고 자금을 운용할 수가 없다.

이러한 것을 방지하기 위해서 환매수수료는 투자자가 자금을 찾지 않고 맡겨주어야 하는 최소한의 약속기간이며, 약속을 어기고 기한 내에 환매를 하게 되면 지불해야 하는 패널티다.

어느 날 자신의 펀드수익률을 점검하던 미희 씨는 브릭스펀드가 20%가 넘는 수익을 내고 있는 것을 발견했다. '이 정도 수익이면 훌륭하지. 한 달 뒤에 써야 되는 돈이니 일단 찾아야겠다.' 인터넷으로 환매신청을 하니 2주 후에나 돈이 나올 것이라는 메시지가 나왔다. 드디어 펀드자금이 들어오는 날 통장 잔액을 확인해보니 그녀의 기대와는 달리 1,000만 원의 20% 수익이면 200만 원이 불어나 있어야 하는데 200만 원이 아니라 달랑 150만 원 밖에 불어나 있지 않았다. 어떻게 된 일인지 영문을 몰라 은행으로 달려갔다. 그녀가 가지고 있던 펀드는 환매기간이 길어 환매신청을 한 후에도 4일간의 주식시장 등락률이 더 반영되어 환매가격을 결정하게 되는데 공교롭게도 4일간 주식시장이 계속 하락해서 수익률 5%를 잃어버리게 된 것이었다.

이처럼 펀드를 환매할 때는 언제 몇 시에 환매신청을 하느냐가 수익률을 결정하는 데 영향을 미치게 된다.

환매방법은 펀드 종류에 따라 다를 수 있는데 국내펀드의 경우 오후 3시 이전 환매 / 환매청구일 포함 2영업일 기준가격으로 4영업일로 표기되어 있다. 이것도 어렵다! 환매방법이라 하면 돈을 찾는 방법인데, 법전도 아니고 도대체 무슨 얘기인지….

펀드는 투자지역에 따라 다르지만 주식시장의 변동성이 점점 확대되고 있어 2007년 12월을 기준으로 중국펀드가 주로 투자하는 홍콩(H) 주식시장의 경우 하루 등락폭이 적게는 1%에서 6%까지도 오르고 내린다. 따라서 홍콩(H) 시장에 투자하는 펀드수익도 하루에 1~6%가 오를 수도 있고, 내릴 수도 있다는 얘기다.

그러므로 펀드환매 방법을 알고 환매를 하는 것과 모르고 하는 것의 차이는 크다. 순간의 선택으로 1년 정기예금이자를 더 얻을 수도 있고, 수익을 잃어버릴 수도 있는 결과를 초래한다.

보통 국내펀드보다 해외펀드의 경우 환매기간이 긴 것이 보통인데, 기준가격 적용일이 국내주식형처럼 하루 이틀 만에 결정되는 것이 아니라 보통 시차에 따라 3~4일이 소요되거나 펀드에 투자를 하는 재간접펀드의 경우는 4~5일이 소요되는 경우도 있다. 따라서 환매기간이 긴 펀드의 경우 확인한 수익에 플러스알파를 원한다면 주식시장이 상승하고 있는 시기에 환매신청을 해야 한다.

국내주식형펀드 환매 제대로 하기 TIP

• **오후 3시 이전에 환매신청을 한 경우**
펀드환매를 신청한 날의 주식시장까지 수익에 반영해서 펀드를 찾게 된다. 따라서 기왕이면 주식시장이 오른 날 3시 이전에 환매신청을 하면 그날의 상승분까지 챙길 수 있다.

• **오후 3시 이후에 환매신청을 한 경우**
환매신청을 한 다음 날 주식시장까지 수익에 반영해서 펀드를 찾게 된다. 환매신청을 한 당일도 주식시장이 오르고 다음 날도 올랐다면 가장 좋겠지만, 다음 날 내린다면 오늘 오른 것을 도로 잃어버릴 수도 있다. 다음 날 주식시장이 어떻게 펼쳐질지는 가늠하기가 어렵다.

은행에 가기 전에 꼭 알아야 할 펀드 이야기

국내에서 판매되는 펀드의 수만 해도 수천 개가 넘는다. 수천 개가 넘는 펀드를 모두 알아보고 그중에서 투자할 펀드 몇 가지를 콕 집어내는 것은 쉬운 일이 아니다. 그러나 펀드를 몇 가지 기준을 세워 색깔별로 분류해놓으면 분산투자한다고 정성스레 골라놓은 펀드가 무늬만 다를 뿐 모두 같은 형제가 되는 오류를 막아준다. 펀드분류표를 활용하면 나만의 포트폴리오로 제대로 된 분산투자를 할 수 있다.

:: 펀드 분류하기

1. 주식투자 비중에 따라

주식에 투자하는 비중에 따라 펀드 유형을 나누게 되는데, 펀드평가회사나 자산운용협회에 따라 기준이나 용어가 조금씩 다르다. 펀드를 구분하는 가장 좋은 방법은 용어에 상관없이 투자하려는 펀드의 주식투자 비중을 파악하여 결정하는 방법이다. 투자금을 주식이나 채권에 투자하는 비중에 따라서 주식형/혼합형/채권형으로 구분한다.

- **주식형** 주식에 60% 이상 투자하는 펀드. 15% 이상 수익을 기대하고 싶다면 주식형펀드에 가입해야 한다. 그러나 원금에 대한 위

험도 딱 기대하는 수익만큼이라는 것을 잊지 말자.

• **혼합형** 주식형이나 채권형에 해당되는 펀드를 제외한 나머지 펀드. 7~10% 정도의 수익을 받고 싶다면 혼합형펀드다. 주식형에 비해서는 수익이 덜 날 수 있지만, 원금에 대한 안정성을 보완할 수 있다.

• **채권형** 채권에 60% 이상 투자하는 펀드. 채권형이 주식형보다 안전한 것은 사실이지만, 채권형도 원금이 보장되는 것은 아니다. 채권형펀드는 금리가 앞으로 계속 내릴 것이라는 생각이 들 때 가입한다면 정기예금보다 약간의 수익을 더 받을 수 있지만, 금리가 계속 오르는 상황에서는 채권형에 가입을 하는 것보다 정기예금에 가입하는 것이 오히려 안전하게 수익을 올리는 방법이다.

2. 펀드투자 지역에 따라

• **국내펀드** 펀드투자 지역이 국내.
• **해외펀드** 펀드투자 지역이 국내를 제외한 해외.

3. 해외펀드를 묶음 형식에 따라

해외펀드는 투자지역이 하나 또는 여러 개의 국가로 이루어지는데, 국가가 여러 개 묶여 있는 펀드일수록 그리고 선진국이 많이 포함되어 있을수록 주식시장이 움직임이 적어 변동성이 낮고, 기대수익률도 낮은 것이 일반적이다. 따라서 국가형〉지역형〉글로벌형 순으로,

그리고 이머징마켓형〉선진국형 순으로 위험과 수익이 낮다.

- **글로벌형** 펀드 하나로 전 세계에 투자하는 펀드.
- **지역형** 선진국형으로는 유럽 펀드가 대표적이며, 이머징국가형으로 아시아/동유럽/중남미 펀드 등이 있다.
- **국가형** 국내/중국/인도/미국/일본 펀드 등과 같이 한 개 국가에 투자하는 펀드.
- **묶음형** 같은 지역의 국가들로 묶여 있는 지역형과 달리, 지역은 다르지만 브릭스(브라질+러시아+중국+인도), 친디아 펀드(중국+인도)와 같이 유망한 몇 개 국가를 묶어 해당 국가 주식에 투자하는 펀드.

4. 펀드투자 철학에 따라

- **성장주** 주식시장의 평균수익보다 더 높은 수익을 추구할 때 하는 공격적 펀드다. 기왕에 펀드에 투자하는 것, 기대수익률을 높게 잡는다면 성장주펀드가 좋다. 주식시장 상승기에는 가치주나 배당주 펀드에 비해 성장주펀드의 상승폭이 큰 것이 일반적이다.
- **가치주** 주식가격이 오르고 내리는 것을 감안하기보다는 기업의 가치에 비해 주가가 싼 주식을 발굴해서 장기투자하는 펀드다. 성장주펀드보다는 안정적 펀드라 할 수 있으며 주식투자로 부자가 된 세계적인 부자인 워렌 버핏의 주식투자 방법이기도 하다. 일반

적으로 가치주펀드나 배당주펀드는 ○○○value(밸류), ○○○가
치주펀드, ○○○배당주펀드 등으로 명명되어 이름만 보아도 성
장주펀드와 구별할 수 있다.

• **배당주** 주식을 보유하고 주식가격이 오르면 주식의 매매차익을
받을 수 있고, 보유하는 기간 동안 해당 기업이 배당금을 지급하
면 배당수익도 받을 수 있다. 주식을 발행한 기업은 1년에 한 번
결산을 통해 이익의 일정 부분을 주주들에게 배당금으로 지급하
는데 배당률이 높은 주식에 투자를 하는 펀드가 배당주펀드다. 따
라서 배당주펀드는 '주식매매차익+배당금수익'을 추구하는 것으
로, 일반적인 주식형펀드가 주식매매차익을 추구하는 것에 비해
서는 수익률이 안정적이다.

5. 투자금 넣는 방식에 따라

• **적립식** 자유적립식 적금과 같은 형태의 펀드. 적립할 때는 자동
이체로 정기적립을 할 수도 있고, 자유롭게 추가적립을 할 수도 있
다. 단, 해지할 때는 나누어 찾을 수 없고 한꺼번에 찾아야 한다.

• **거치식** 정기예금 형태 펀드. 투자도 한 번, 해지도 단 한 번만
가능하다.

• **임의식** 자유입출금 형태 펀드. 투자도 자유롭게, 해지할 때도
전액 또는 일부 인출이 가능하다.

- 한눈으로 보는 펀드가계도

구분	분류	투자하는 대상
주식투자 비중	주식형	주로 주식
	혼합형	주식/채권
	채권형	주로 채권
투자지역	국내펀드	국내
	해외펀드	해외
해외펀드	글로벌형	전 세계
	지역형	유럽/동유럽/아시아/중남미 등
	국가형	중국/인도/미국/일본 등
	묶음형	친디아(중국+인도), 브릭스(브라질+러시아+중국+인도) 등
투자스타일	성장주	성장 가능성이 큰 우량주
	가치주	기업가치에 비해 저평가된 우량주
	배당주	배당금 지급률이 높은 우량주
투자대상	투자증권	주식, 채권, CP 등
	파생상품	선물·옵션 등
	부동산	부동산 관련 주식, 채권등
	실물자산	부동산, 원유, 금, 농산물, 광물, 물 등
투자방식	적립식	자유적립식 적금 형태
	거치식	정기예금 형태
	임의식	입출금식 형태

펀드수익은 기본, 덤으로 소득공제까지 챙겨라

정민지 씨는 입사한 지 얼마 안 되었을 때는 월급을 도대체 어떻게 쓰고, 저축을 어떻게 해야 하는지 또 어떤 금융상품으로 돈을 모아야 하는지 답답했다. 하지만 지금은 재테크와 관련한 사이트를 즐겨 찾기 해놓고 수시로 필요한 재테크 관련 정보를 검색하는 투자고수다. 물론 당장 새로 투자를 하는 데 도움을 받을 목적도 있지만, 재테크사이트에 올라온 상담사례들을 통해 분산투자법이나 펀드에 관한 세세한 정보뿐만 아니라 부동산과 소득공제까지 다양한 정보를 접하기 위해서다.

　그러던 어느 날 민지 씨는 상품 하나로 요즘 유행하는 펀드투자와 비과세혜택은 물론 소득공제 효과까지 일석삼조를 노릴 수 있는 상품이 있다는 사실을 알게 되었다. 펀드투자로 수익도 올리고 거기다가 이자를 받을 때 세금 한 푼 안 내고, 소득공제로 세금까지 돌려받을 수 있다니, 정기적금과 적립식펀드만을 해오던 그녀에게는 횡재 같은 소식이었다.

장기주택마련펀드는 펀드투자와 소득공제 그리고 비과세혜택까지 덤으로 챙길 수 있는 일석삼조의 상품이며, 개인연금펀드는 펀드투자와 소득공제혜택을 받을 수 있는 상품이다. 다만, 개인연금저축(펀드)은 누구나 가입이 가능한 반면에 장기주택마련저축(펀드)은 가입조건이 있다. 장기주택마련저축(펀드)의 가입자격은 18세 이상 세대주이면서, 주택이 없거나 국민주택 규모 85m² 이하, 3억원 이하의 1주택 소유자로 제한되어 있다.

　하지만 장기주택마련저축(펀드)과 개인연금저축(펀드)은 연말정산을 할 때마다 마누라와 자식까지 있는 남자들에 비해 상대적 박탈감을 느껴야 하는 싱글들이 악착같이 챙겨야 할 몇 안 되는 소득공제상품이다. 장기주택마련저축(펀드)의 경우 가입기간은 7년 이상, 개인연금펀드의 경우 10년 이상이다. 장기투자가 가능하기 때문에 주식형 적립식펀드로 투자하기에 안성맞춤인 상품이다.

정민지 씨는 연말정산을 할 때마다 싱글인터라 결혼을 한 동료들에 비해서 소득공제를 받을 수 있는 항목이 별로 없었다. 하지만 올해는 몇 년 전부터 가입하고 있는 장기주택마련펀드와 개인연금펀드 덕분에 펀드투자로 수익률도 올리고 소득공제도 받을 수 있어 흐뭇하기만 하다.

　장기주택마련저축(펀드)과 개인연금저축(펀드)이 소득공제를 받을 수 있는 금액은 장기주택마련펀드는 매년 1월 1일부터 12월 31일까지 납입한 금액의 40%로 최대 300만원까지, 개인연금펀드는 매년 1월 1일부터 12월 31일까지 납입한 금액의 100%로 최대 300만원까지 가능하다. 장기주택마련펀드는 7년을 납입해야 비과세혜택까지 받을 수 있고, 개인연금펀드는 노후대비상품으로 10년 이상을 납입해야 하는 상품이며 연금을 수령할 때는 연금소득세를 내야 한다. 민지 씨는 매월 적립할 수 있는 70만원을 소득공제를 최대한 받기 위해 두 가지 상품에 모두 적립해버리면 가입기간이 7~10년이나 되어 만기가 되기 전에 돈이 필요하게 되면 곤란해질 것 같다.

아쉽기는 하지만 만일을 위하여 장기주택마련저축(펀드)과 개인연금저축(펀드) 적립금은 현재 월급 수준으로 7~10년 동안 부담 없이 넣을 수 있는 20만 원과 10만 원으로 결정하고, 나중에 월급이 오르면 차츰 금액을 늘려나갈 생각이다.

그녀가 이번 연말정산에서 소득공제를 받을 수 있는 금액은 장기주택마련펀드에 1년 동안 납입한 금액 240만 원의 40%인 96만원 그리고 개인연금펀드에 1년 동안 납입한 금액 120만원 전액으로 총 216만 원을 공제받게 된다. 그녀는 세금을 돌려받으면 장기주택마련펀드에 추가로 적립할 생각이다.

• 소득공제를 받을 수 있는 세테크 펀드

구분	장기주택마련펀드	개인연금펀드
가입조건	만 18세 이상 세대주로서 무주택자이거나 주택기준시가가 3억 원 이하인 전용면적 85㎡ 이하의 1주택 소유자	만 18세 이상
소득공제금액	납입금의 40%로 연 300만 원 한도	납입금의 100%로 연 300만 원
가입기간	7년 이상	10년 이상
세제해택	비과세	저율과세(연금소득세)

:: 펀드에도 클리닉이 필요하다

대부분의 펀드는 변동되는 경제상황에 실시간으로 민감하게 반응하는 투자수단이다. 따라서 펀드를 투자할 때는 투자시장전망이 좋아서 투자를 했어도, 투자가 진행되면서 예상치 못했던 상황이 발생하여 투자시장전망이 부정적으로 바뀔 수도 있다. 이렇게 시장상황이 바뀌었을 때, 다시 좋아질 때까지 기다려야 할지, 아니면 현재 상태에서 투자를 중단하고 다른 더 좋은 시장으로 투자처를 바꾸어야 할지를 결정해야 한다. 그러한 판단을 하기 위해서는 주기적으로 운영보고서를 관찰하여 가입한 펀드가 어떻게 운영이 되고 있는지 파악하고 신문이나 경제전망 자료를 통해 시장의 향방을 관심 있게 주시하여야 한다.

펀드를 가입한 이후에는 펀드관리에 대한 조언을 들어야 하기 때문에 전문가 멘토가 필요하다. 가입한 펀드의 시장전망에 관한 관심과 관리는 펀드를 가입하는 것 못지않게 중요한 문제이며, 펀드수익율관리를 통한 적정한 환매시기의 선택은 펀드투자 시 수익률 확보에 결정적 영향을 미치게 되기 때문이다.

요즘과 같이 변동성이 많은 장세에서는 돈을 한꺼번에 투자하는 거치식투자의 경우에는 돈을 언제 투자 하느냐가 투자수익에 적지 않은 영향을 미칠 수 있다. 하지만 펀드투자는 거치식이나 적립식 모두 최소한 1년 이상의 장기투자를 전제로 하는 만큼 '언제 투자를 하느냐' 보다 최종적으로 투자수익을 확정 짓는 '언제 찾느냐' 가 투자수익에 결정적 영향을 미치게 된다. 주식투자가 주식을 보유하는 동안 주가가 아무리 많이 올랐어도 팔 때 주가가 내리면 아무런 소용이 없듯이 펀드투자 역시 수익이 났을 때 환매를 해서 수익을 확정 지어야 비로소 나의 투자수익이 되기 때문이다.

 내 직감을 믿어!

2006년부터 차이나펀드에 투자를 해온 박진희 씨는 2007년 차이나펀드의 폭등으로 100%가 넘는 수익률을 기록하고 있었다. 어느 날, 가입한 금융기관 직원으로부터 전화가 걸려왔다. 과열논란이 있는 차이나펀드를 환매하고 지역을 나누어 재투자할 것을 권유하는 내용이었다. 하지만 진희 씨의 차이나펀드에 대한 열광은 거기서 멈출 수 없었다. 딱히 소신이 있는 것도 아니었지만, 왠지 더 오를 것 같은 확신마저 들었기 때문이다.

이후 몇 차례 폭락과 급등을 거듭하며 수익률이 하락했지만 더 오를 것이라는 생각에는 변함이 없었다. 그러나 어느 날부터 급락하기 시작한 차이나펀드는 한 달 만에 30% 수익이 날아가고 말았다.

 그래도 전문가의 의견을 들어볼까?

강지희 씨는 2006년, 2007년도에 각광을 받았던 리츠펀드에 투자를 했다. 투자 후 미국의 서브프라임 모기지 사태가 연일 신문을 장식하고 있었지만 강지희 씨는 자신이 투자한 펀드와 연관이 있으리라고는 생각하지도 않았다. 그러나 몇 달 후 은행에 일이 있어서 방문했다가 혹시나 하는 마음에 펀드수익을 알아보고 놀라움을 금치 못했다. 8개월 동안 투자수익은 고사하고 수익률이 −7%인 상태였다.

그녀는 평소 친하게 지낸 은행직원과 상담을 한 후 리츠펀드는 수익률 회복에 상당한 시간이 걸리는 것으로 예상될 뿐 아니라 회복여부도 불투명하다는 의견을 듣고 펀드를 환매하여, 유망하다는 이머징마켓펀드로 갈아탔다. 2007년 12월 28일 현재 강지희 씨의 이머징마켓펀드 수익은 +12%, 리츠펀드 손실분을 회복하고도 약간의 수익이 더 발생한 상태다. 그러나 그녀가 리츠펀드를 그대로 가지고 있었다면 2007년 12월 28일 현재 펀드수익률은 -15%다.

펀드의 투자수익은 투자기간과 정비례하지는 않는다. 따라서 투자하고 나서 무작정 3년 동안 묻어 두었다가 돈을 써야 할 때 열어 보는 것보다는 주기적으로 펀드의 건강상태를 점검하고 적절하게 관리해주어야 펀드도 건강하게 무럭무럭 자랄 수 있다.

지희 씨는 은행직원의 적절한 코멘트가 없었다면 환매결정을 선뜻 내리지 못했을 것이다. 펀드는 가입하는 것뿐만이 아니라 가입한 후에도 관심과 관리가 필요하다. 이때 무엇보다 다양한 정보를 얻고 판단에 도움을 받을 수 있는 전문가가 필요하다. 그러나 아무것도 모른 채 오로지 전문가의 판단만을 기대한다면 자신의 소중한 재산을 손해가 나든 수익이 나든 상관없다고 방관하는 것과 같다. 투자의 결과에 대한 책임은 고스란히 자신의 몫일뿐 아무도 대신해주지 않기 때문이다.

펀드에 투자결정을 할 때나 환매결정을 할 때 전문가의 의견은 단지 참고일 뿐 최종결정은 스스로 선택하여 실행해야 한다.

적립식펀드의 투자 룰

이제는 펀드투자 전도사가 되어버린 최선경 씨. 그녀는 성과급만을 모아 1년 동안 무려 850만 원이라는 적지 않은 돈을 모았다. 처음에는 어디에 둘 곳이 없어 임시로 통장 1개를 더 만들까 생각하던 중에 '불로소득이라면 이거 가지고 재테크나 해볼까?' 하는 심사로 성과급을 적금통장이 아닌 펀드통장에 넣기로 결정을 한 것이다. 선경 씨 회사는 각 분기별로 성과급을 지급했는데 금액은 회사가 올린 영업이익에 비례하여 나오니 일정하지는 않았다. 하지만 한 번 나올 때마다 100~200만 원까지 나와 꽤나 많은 금액이었다. 뿐만 아니라 그녀는 몇 년 전부터 월급으로 적립식펀드를 해오던 터라 이제는 주가가 하락할 때마다 5만 원씩 추가불입을 함으로써 수익률 관리까지 하는 고수다. 선경 씨가 5만 원씩 추가불입을 하기로 한 이유는 당장 나가도 부담이 되지 않는 금액이며, 또 나중에는 더욱 큰 수익률로 보답을 해줄 거라는 펀드에 대한 믿음 때문이었다. 실제로 그녀의 잔고를 살펴보면 원금보다도 160만 원이나 많은 금액이 붙어 있음을 알 수 있었다. 선경 씨 또한 처음부터 펀드에 대한 확신과 수익률 관리에 능숙했던 것은 아니다. 직접 투자를 하면서 하나하나씩 경험하여 알아간 지식이 그녀를 펀드 전도사로 만든 것이다. 그래서 재테크는 자신의 돈을 걸고 해봐야 진짜 공부가 된다.

　지금이야 너도나도 펀드를 외쳐대니 적립식펀드에 대해 아는 것처럼 생각될 수 있을 것이다. 하지만 막상 자신의 돈을 투자한다고 생각하면 낯선 용어 및 수익률 관리에 대하여 적잖은 마음고생을 하게 될 것이다. 실제로 20대 여직원들과 점심을 먹거나 티타임을 가질 때면 몇 가지 공통된 질문을 받는다. 그런 질문을 받을 때마다 '우리 책 독자들도 이 같은 사실을 궁금해하겠구나' 라는 사실을 깨닫고 곧바로 메모를 해둔다. 이제 막 펀드라는 상품에 돈을 투자하고자 한다면 다음과 같은 내용에 대해 살펴보고 유의하여 투자에 나서보도록 하자.

:: 1단계 적립식펀드 가입시점 파악하기
– 적립식펀드는 언제 가입하는 것이 좋을까?

주식형펀드에 투자를 한다는 것은 내일 당장 주식시장이 오를지 내릴지는 예측하기 어렵지만 장기적으로는 주식시장이 상승할 것이라는 기대를 전제해서 투자를 하는 것이다. 때문에 적립식펀드는 가입시점을 따질 필요 없이 지금 당장 가입하면 된다. 펀드도 주식가격처럼 기준가격이라는 게 있어서 매달 20만 원씩 적립식펀드에 투자할 때 기준가격이 비싸면 펀드를 적게 사게 되고, 기준가격이 싸면 펀드를 많이 사게 되어 가격이 너무 비쌀 때 한꺼번에 사는 위험을 분산할 수 있다. 똑똑한 여우가 펀드를 한꺼번에 사지 않고 시간을 나누어 투자를 하는 이유다.

위 그래프는 1997년, 277포인트에서 2007년 6월, 1,813포인트까지 상
승한 종합주가지수 차트다. 한 개의 막대는 6개월 단위 그래프로 종합
주가지수가 오른 6개월은 **빨간색**, 내린 6개월은 **파란색** 막대그래프로
표시되어 있다. 주식시장은 지속적으로 상승을 하거나 하락을 하는 추
세라도 단기적으로는 오르고 내리는 것을 반복한다. 때문에 적립식펀
드는 투자하는 날에 따라 매달 다른 가격으로 펀드를 사서 모으게 되
어 결과적으로는 평균가격으로 펀드를 사는 효과를 누릴 수 있다.

:: **2단계** 추가매수로 수익률 관리하기
　 – 주식시장이 하락할 때 추가매수를 하면 수익이 많이 생기나요?

값이 언제가 가장 쌀 때인지를 알 수만 있다면, 펀드도 주식시장이 하락해서 펀드의 가격이 가장 많이 떨어졌을 때 샀다가 가장 높을 때 팔면 가장 높은 수익을 낼 수 있다. 그러나 안타깝게도 가장 저점과 고점을 판단할 수 있는 능력이 인간에게는 주어지지 않았다. 2007년 4월 종합주가지수가 처음 1,500선을 돌파할 때 투자자들은 대부분 이제 오를 만큼 올랐다고 투자하기를 두려워하며 내릴 때를 기다렸지만, 이를 비웃듯이 주식시장은 2개월 만에 20%가 상승해서 1,800 선을 단숨에 넘어버렸다. 나중에야 그때 많이 투자할 걸 하며 지나간 기회가 보이지만 현시점에서 내일 당장 주식시장이 내릴 것인지 오를 것인지는 내일이 지나봐야 알 수 있는 것이다. 그래서 적립식펀드 투자방식은 입금액과 입금시기를 마음 내키는 대로 임의로 조절하는 것보다 일정한 금액을, 일정한 날짜에, 정기적으로 분산투자하는 정액분할투자기법으로 하는 것이 좋다. 주식시장이 급락할 때는 자동이체와 별도로 추가 입금하는 것도 좋은 방법이다.

:: **3단계** 주식형펀드 수익률 챙겨보기
　– 국내주식형펀드의 수익률은 거기서 거기 아닌가요?

천만의 말씀. 무늬만 같다고 다 같은 펀드가 아니다. 같은 국내주식에 투자를 하는 펀드도 수익률 성적순으로 줄을 세우면 1등부터 꼴등이 있고 성적표도 천차만별이다.

2007년 5월 31일 기준으로 100억 원 이상 팔린 성장형 주식형펀드 중 수익률 1위인 펀드는 1년간 수익률이 55%가 넘는 반면, 꼴찌를 한 펀드는 −10% 수익률을 보여 최근 1년간 수익률 차이가 60%가 넘는 차이를 보였다. 쇼핑에만 명품을 고르는 안목이 필요한 것이 아니다. 펀드도 명품펀드를 고를 줄 아는 안목을 길러야 하는 이유다.

펀드명	투자자산유형	통화	납입원금잔액	당일기준가	평가금액	납입원금수익률
○○○주식투자신탁	주식형	KRW	200,000	1,358.99	218,904	9.45
○○○가치주펀드	주식형	KRW	198,020	1,586.76	221,768	11.99
○○○동유럽펀드	주식형	KRW	198,020	1,358.47	212,495	7.30
○○○차이나펀드	주식형	KRW	198,020	1,190.02	213,700	7.91
○○○글로벌주식형펀드	주식형	KRW	198,020	1,120.35	202,643	2.33
5계좌, 잔액 : 992,080원, 평가금액 : 1,069,510원						

위의 예는 2개월 전부터 매월 50만 원을 적립식펀드 5개에 각각 10만 원씩 분산투자하고 있는 L의 투자내역이다. 동일한 날짜에 10만 원씩을 적립하고 있지만 국내와 해외에 분산투자된 5개의 펀드가 2.33~11.99%까지 모두 다른 수익률을 보이고 있다. 또한 국내주식에 투자하는 첫 번째부터 두 번째까지의 펀드도 9.45~11.99%까지 모두 다른 수익률을 보이고 있다. 무조건 통장 개수만 많아진다고 분산투자는 아니지만, 분산투자로 통장 개수가 많아진다고 번거로워할 이유도 없다. 현재 잘나가는 펀드가 끝까지 잘나간다는 보장도 없고,

지금 못 나가는 펀드가 끝까지 못 나가라는 법도 없다. 분산투자는 돈 많은 사람만 하는 게 아니다. 적립식펀드부터 분산투자하라.

:: 4단계 투자상품별 투자금액 할당하기
– 계란을 한 바구니에 담을까, 말까?

달희 씨는 정기적금이 만기가 되자 새로 시작하는 것은 적립식펀드에 가입할 생각으로 거래하는 금융기관을 찾아갔다. 직원은 이런저런 펀드를 추천하더니 투자하는 적립금을 국내펀드 1개와 해외펀드 2개로 나누어 투자를 하라는 것이다. 달희 씨는 30만 원밖에 되지 않는데, 3개씩이나 나누면 통장만 많아지고 관리도 복잡해지는데 그냥 1개로 투자를 하면 안 되는지 반문했다.

그러나 직원은 추천한 펀드들의 운영보고서를 보여주며 국내와 해외로 투자지역을 나누어 분산투자해야 하는 이유를 설명해주었다. 2007년 초에 대부분의 전문가들이 유럽펀드와 일본펀드를 가장 좋은 투자처로 꼽았으나, 당해 가장 수익률이 저조한 지역은 유럽과 일본이었다. 시장전망을 맞출 수 있는 확률은 기대하는 것에 훨씬 못 미칠 수 있다는 것이다.

따라서 시장상황에 따라 차이나펀드처럼 펀드 하나 잘 고르면 1년 만에도 60%에 가까운 대박이 나기도 하지만, 반면에 리츠펀드처럼 1년이 다 되어도 −15% 수익률에서 헤어날 줄 모르는 펀드도 있다. 그러니 펀드투자는 "계란을 한 바구니에 담지 말라"는 격언처럼 반드시 분산투자를 해야 한다는 것이다.

그러나 분산투자에서 흔히 범하는 오류는 펀드의 개수만 여러 개로 가입하면 분산투자가 된 것으로 오해를 하는 것이다. 예를 들면 국내펀드를 성장주펀드만 여러 개로 나누어 투자를 한다든지, 유명한 펀드만 가입한 나머지 중국펀드와 친디아(중국+인도)펀드로 나누어 투자를 했다면 이는 펀드는 2개지만 투자지역으로는 중국에 집중해서 투자를 한 결과나 마찬가지다.

분산투자를 하는 기준은 투자지역, 섹터, 투자시점 등 여러 가지가 있다. 일반적으로 주식형펀드 분산투자는 투자지역을 분산하는 것을 말하며, 국내와 해외 그리고 해외는 이머징 국가(중국, 인도, 브라질, 러시아 등)와 선진국(미국, 유럽, 일본 등)으로 나누어 투자를 하는 방법이 대표적이다.

이때 해외펀드의 경우 중국펀드나 인도펀드와 같이 개별 국가에 투자를 하는 펀드보다는 브릭스펀드(브라질+러시아+중국+인도), 아시아펀드, 글로벌펀드와 같이 펀드 하나로 여러 국가에 투자할 수 있는 펀드를 활용하면 위험을 분산할 수 있다. 해외주식시장은 아는 것이 없어서 국내펀드로만 투자하기를 원한다면 국내주식형펀드는 성장주/가치주/배당주/인덱스 펀드 등으로 나누어 분산투자해보자.

분산투자는 돈 있는 사람만 하는 것이 아니다. 분산투자를 하면 가장 좋은 투자처에 몰아서 투자를 했을 때보다 수익은 덜할 수 있다. 하지만 돈을 잃지 않고 지키며 투자를 하기 위해서는 반드시 지켜야 할 투자의 제1원칙이다. 적립식펀드에 한 달에 10만 원을 투자하든 30만 원을 투자하든 분산투자를 하라. 분산투자는 위험을 분산하고, 수익은 올릴 수 있는 가장 좋은 투자방법이다.

:: 5단계 적립식펀드 환매하기
   – 적립식펀드는 오래 가지고 있으면 수익률이 높은가요?

위의 차트는 1997년부터 2007년 6월까지의 종합주가지수 차트다. 예를 들어 2001년부터 적립식펀드에 가입한 사람이 2년 후인 2003년 6월경에 적립식펀드를 해지했다면 어떻게 될까. 주식시장이

2001년도부터 오르기 시작하여 2002년도에 정점을 찍고, 2003년도에 하락했기 때문에 오히려 1년만 투자하고 2002년도에 해지한 사람보다 수익률이 높지 않을 수 있다. 주식시장은 몇 년 단위로 오르고 내리는 주기가 있다. 따라서 적립식펀드는 언제 가입하느냐보다는 언제 찾느냐가 더 중요하다. 적립식펀드는 매월 다른 가격으로 산 펀드가 모두 같은 가격에 팔리기 때문이다.

남자관리보다
자산관리를 즐겨라

5장

진짜 여우들의 돈관리 노하우

돈은 노력한 만큼 대가를 제공해주는 기특한 녀석이다.
세상에 노력만 한다고 해서 바로 결과로 보답하는 것들이 몇이나 되겠는가? 그런 점에서 돈은 착하기까지 하다. 또한 한두 개 정도의 기술만 알아도 돈이 빠져나가지도 않도록 충분히 관리를 해나갈 수도 있다.

그래서 필요한 게 바로 자산관리다. 자산관리는 돈이 많은 고액자산가나 당장 노후준비를 해야만 하는, 사람들만의 것이 아니다. 사고 싶은 충동을 눌러가며 아낀 5만 원으로 펀드에 투자를 시작한 당신에게도 절대적으로 필요하다. 화려한 싱글로 살려면 더더욱 자산관리를 시작해야 한다. 결혼을 한다 하더라도 비상금 통장이라도 쥐고 있으려면 쥐꼬리만한 월급을 가지고도 포트폴리오를 구성해나가야 한다.

20대 여자들이여, 똑똑해지자. 돈은 똑똑한 주인을 만나면 그 가치를 배로 높이는 마술을 부려준다. 한 달에 한 번 걸리는 여자의 매직 말고, 수시로 걸려드는 머니의 마술에 취해보자. 분명 그 어떤 마술보다 달콤한 열매를 맛볼 것이다.

파이낸셜플래닝으로 자산관리를 시작하라

재테크상담을 하다 보면 "50만 원을 투자하려고 하는데 어떤 펀드 들어야 되요?" 또는 "이번 달부터 20만 원씩 더 저축할 수 있는데 어디에다가 넣어야 되요?" 하는 식의 질문을 많이 받게 된다. 이는 대부분의 경우 돈을 많이 모아야겠다는 막연한 목표를 가지고 저축할 수 있는 돈만 정해서 무작정 저축을 하기 때문이다. 그러나 이렇게 무작정 돈을 모으게 되면 목표가 명확하지 않아 돈이 필요할 때마다 적금을 해지해서 사용하게 되고, 정작 돈이 필요할 때는 돈이 부족해서 난처한 상황에 놓이고 만다.

돈을 모은다는 것은 집을 짓는 것과 같다. 재테크는 당장 다음 해 1년을 보고 돈을 모으는 것이 아니다. 경제활동을 할 수 있는 길지 않은 기간 동안의 수입으로 일생에 걸쳐 돈을 마련해나가는 것이 목표다. 때문에 고려해야 하는 기간도 길 뿐만 아니라 돈이 필요한 곳도 한두 군데가 아니어서 계획을 세워 준비한다는 것이 여간 복잡하게 느껴지는 것이 아니다.

집(인생 재무설계)을 지을 때 설계도(파이낸셜플래닝)를 그리는 것은 한정된 돈(수입)으로 가장 효율적으로 가장 멋지게 집(인생투자설계)을 짓기 위한 것이다. 집을 지을 때는 정해진 건축면적(수입)에서 가장 효율적인 공간 활용(결혼, 주택자금, 노후자금)을 고민하게 되고, 한정된 수입 내에서 가장 멋진 인테리어(결혼자금/내집마련/풍요로운 노후생활)를 원한다.

재테크도 이와 마찬가지로 일생 중에 돈을 벌 수 있는 기간 동안의 한정된 수많은 결혼(주택)자금, 교육자금, 노후자금 주머니로 나누어 행복한 인생을 설계하는 것이다.

집을 지으려면 수많은 자재가 필요한데, 만일 설계도면 없이 집을 짓는다면 필요한 자재를 효율적으로 구입할 수도 없을 뿐만 아니라 집의 모양조차 제대로 완성되기를 기대하기 어렵다. 그래서 생각만으로는 어렵고, 복잡한 재테크에 성공하려면 무작정 저축할 것이 아니라 밑그림(파이낸셜플래닝)을 그려야 한다.

2007년 5월 중소기업에 입사한 사회초년생 김미현 씨가 자신의 파이낸셜플래닝(재무설계)을 의뢰해왔다. 그녀는 월급 150만 원과 설·추석 보너스로 매년 300만 원을 받는다.

일단 그녀 스스로 재무목표를 세워보도록 했다. 다음 장의 표는 그녀가 세운 재무목표다.

• 김미현 씨의 재무목표

재무목표	필요저축액	목표	활용할 상품
용돈통장	300,000	매월지출액	CMA
예비비주머니		비상금(보너스)	CMA, MMF
결혼자금주머니	500,000	5년/3,000만 원	적립식펀드
주택마련주머니	865,000	10년/1억 원	청약저축, 장기주택마련펀드, 적립식펀드
보장자산주머니	50,000	질병, 상해보장	의료보험/건강보험/종신보험
연금주머니	695,000	노후자금	변액유니버셜보험/연금보험
매월 적립해야 할 금액	2,410,000		

(물가상승률: 4% / 기대수익률: 7% 가정)

스스로 세운 그녀의 재무목표는 5년 후 결혼자금 3,000만 원(물가상
승률 4%를 감안하면 약 3,600만 원), 10년 후 주택마련자금 1억 원(물가
상승률 4%를 감안하면 1억 4,800만 원), 연금도 55세까지만 적립을 하
고 은퇴 후 85세까지 매월 100만 원씩 받는 것이다.

그러나 그녀가 원하는 재무목표를 모두 이루려면 용돈 30만 원,
결혼자금으로 50만 원, 주택자금으로 865,000원, 연금으로 695,000
원, 보험 5만 원씩 매달 241만 원이 필요하므로 현재 월급을 몽땅
투자한다고 해도 매월 91만 원이 부족한 상황이다.

따라서 그녀의 소득으로 가능한 수준으로 재무목표에 우선순위
를 두어 조절하기로 했다. 재무목표 중 가장 빠른 시일 내에 필요한
자금이 결혼자금과 주택자금이다. 두 가지 재무목표를 위해 종자돈
을 우선 마련하기로 하고 결혼자금에 우선순위를 두고, 또한 주택자

- **김미현 씨의 재무목표(조정 후)**

재무목표	필요저축액	목 표	활용할 상품
용돈통장	400,000	매월지출액	입출금통장
예비비주머니		비상금(보너스)	CMA, MMF
결혼자금주머니	500,000	5년/3,000만 원	적립식펀드
주택마련주머니	450,000	10년/5,000만 원	청약저축, 장기주택마련펀드, 적립식펀드
보장자산주머니	50,000	질병, 상해보장	의료보험/건강보험/종신보험
연금주머니	100,000	노후자금	변액유니버셜보험/연금보험
월　　급	1,500,000		

(물가상승률: 4% / 기대수익률: 7% 가정)

금 목표는 5,000만 원(물가상승률 4%를 감안하면 7,400만 원)으로 낮추어 조절했다. 주택자금목표 일부와 연금은 향후 소득이 늘어나면 적립금을 늘려 나가는 것으로 조절했다. 그리고 매년 2번 받는 명절보너스는 예비비통장에 넣어 평상시에는 예비비로 활용하고, 1,000만 원 단위로 목돈을 만들어 주택자금에 활용하도록 했다.

:: 20대 여자도 할 수 있는 셀프 파이낸셜플래닝

1. 스스로 재무진단을 해보자

지금 내 재산은 얼마? 얼마를 벌어 얼마를 쓰고 있나? 재테크는 가계부를 쓰는 것만으로도 절반은 성공이다. 투자의 귀재로 알려진 워렌 버핏은 "당신이 소비한 금액은 내일의 수익률까지 까먹게 되는 경제활동이다"라는 말을 남겼다. 오늘 5만 원을 써버린다면 100만 원을 1년 동안 맡겨서 받을 수 있는 5% 이자를 써버린 것과 같다. 이제는 소비자가 아닌 투자자가 되자.

2. 재테크주머니를 마련하자

재무설계는 쉽게 말해 '앞으로 필요한 자금이 무엇인지 재무목표대를 정하고, 필요한 시기와 금액을 정해서 각각의 주머니를 채워가는 것'이다.

20대 싱글 재무설계에서 필요한 재테크주머니는 결혼(주택)자금주머니, 보장자산주머니, 연금주머니다. 매월 100만 원을 적립할 수 있다면 각각의 주머니가 필요한 예상시기와 목표금액을 정해놓고, 통장을 나누어 적립해나간다.

20대는 소득이 가장 적은 시기여서 재무목표대로 원하는 만큼 적립할 자금이 부족하다. 그렇다고 주머니를 저축할 수 있는 주머니만 마련할 것이 아니라, 저축할 수 있는 금액에 맞춰서 주머니 크기를 줄이고, 주머니 중 가장 빠른 시기에 필요한 결혼자금주머니와 주택마련주머니에 우선순위를 두어 금액을 배분한다. 연금과 같이 나중에 필요한 자금일수록 적립해야 할 금액보다 적은 금액을 배분하고, 부족한 금액은 향후 소득이 늘어나면 추가금액을 적립하여 주머니를 보완해나가면 된다.

3. 통장마다 꼬리표를 달아보자

내가 아는 친구는 주말 저녁이면, 일주일 동안 입고 다닐 스타일 코디를 해놓는다고 한다. 그래야 아침에 옷을 고르느라 시간을 낭비하지 않아도 되며 비교적 여유 있게 하루를 시작할 수 있단다. 나는 그 친구에게 "그럼 이번에는 머니코디를 해봐"라며 우스갯소리로 자금 계획을 추천한 적이 있었다. 스타일을 코디할 때도 하루 스케줄에 따라 캐주얼로 입을지, 세미정장으로 입을지, 커플티를 입을지를 결정하는 것처럼 저축을 할 때도 통장마다 돈의 용도에 맞춰 이름표를 달아보자. 저축할 때 가장 먼저 해야 할 일은 '결혼자금통장', '3년 동안 3,000만 원 만들기', '주택자금통장 10년 동안 1억 만들기'와 같이 '구체적인 목표'를 정해서 통장마다 꼬리표를 달아놓는 일이다. 무작정 돈을 모을 때는 돈이 필요해지면 적금을 쉽게 해약할 수 있다. 하지만 이렇게 통장 겉면에 이름표를 달아놓으면 모으는 돈의 목적에 따라 돈이 정리되고, 충동구매나 여행비로 적금을 해약하고 싶을 때 정말 써야 하는 것인지 다시 한 번 생각하게 된다.

4. 주머니 목표는 손에 잡히게 구체적으로 한다

저축도 언제까지 얼마를 모으는지 구체적인 목표를 가지고 하면 돈이 모아지는 재미가 있다. 목표가 달성되어 종자돈을 만드는 순간 백화점에서 새로 산 GUESS 청바지를 입는 것보다 10년 된 낡은 청바지가 더 기분 좋은 이유를 알게 되고, 부자들이 더 검소하고 자린고비가 많은 이유를 알게 된다. 일반적으로 저축을 할 때 아파트를 분양받기 위한 청약통장을 제외하고는 저축목적이나 필요한 시기를 정해놓고 저축하지 않는다. 무작정 여유자금이 생길 때마다 적금이나 펀드를 가입해놓고 목돈이 필요한 일이 생기면 중도해지를 하거나 인출이 가능한 예금부터 해지해서 사용하는 것이 일반적이다. 필요한 시기가 정해져 있지 않은 돈을 저축하니까 언제 쓰게 될지 모르기 때문에 저축기간이 짧은 예금이나 적금을 가입하게 되어 낮은 이율을 받게 된다. 최소한 1년 이상 3년은 투자할 것을 권유하는 펀드로 가입할 수도 없다. 그러나 필요한 자금별로 주머니를 만들어 장기적 계획을 세워서 적립해나가면 주식형펀드에 장기투자를 하여 고수익을 추구할 수 있기 때문에 적은 돈을 효과적으로 굴려 종자돈을 마련할 수 있다.

한 푼도 새나가지 않는 그녀의 통장관리법

27세 김경선 씨는 연말정산 때마다 만져보지도 못한 금액이 총소득으로 덩그러니 적혀 있는 것을 보면 특별히 저축이 늘어난 것도 아닌데, 그 많은 돈들이 어디로 새버렸나 허무한 생각이 든다. 월급통장 하나로 모든 소득과 지출이 이루어지다 보니 월급을 받아도 통장에 월급이 들어옴과 동시에 카드대금, 핸드폰 요금, 회비 등 자동결제금액이 줄줄이 빠져나간다. 그리고 나면 월급 받은 지 3일밖에 안 되었는데 월급통장에 남은 돈은 달랑 20~30만 원이 고작이다. 상황이 이렇다 보니 매달 쪼들리기는 마찬가지다. 어쩌다 보너스를 받는 달이 되어도 보너스 받을 것을 감안하여 그동안 미루어왔던 구두와 옷 한 벌 사고 나면 모처럼 받은 목돈이건만 기분도 잠시다. 카드대금 결제부터 챙겨야 한다.

경선 씨와 같이 월급에 보너스까지 받아도 돈이 모아지지 않고 줄줄 새는 가장 큰 주범은 모든 소득과 지출이 한꺼번에 이루어지는 뒤죽박죽 월급통장이다. 재테크를 시작하려고 한다면 지금 당장 월급통장부터 리모델링해서 돈관리법부터 바꾸자. 월급통장이 하나여야 한다는 법은 없다. 1개보다는 3개가 돈관리를 하는 데 훨씬 효율적이며, 돈을 정리정돈할 수 있다. 1개로 소득지출을 한꺼번에 관리하던 통장을 소득과 저축을 관리하는 월급통장, 지출을 관리하는 용돈통장, 비상금을 관리하는 예비비통장 등 용도별로 나누어 관리하자. 통장을 나누는 포인트는 쓰고 남는 돈을 저축하는 패턴에서

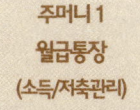

주머니 1 월급통장 (소득/저축관리)		주머니 2 용돈통장 (소비지출관리)	주머니 3 예비비통장
월급/보너스입금 적금/펀드자동이체 용돈통장자동이체	매월 일정액 자동이체	용돈 지출 체크카드결제계좌 정기적지출자동이체	비상금 3개월 치 용돈 정도

쓸 돈을 정해놓고 정해진 범위 내에서만 소비지출을 하며, 나머지 돈은 모두 저축하는 패턴으로 전환하기 위함이다.

 월급통장

1. 모든 소득과 저축을 관리하는 통장이다.
2. 월급·보너스는 기본, 특별보너스에 공돈까지 생기는 수입은 무조건 입금한다. 매월 용돈통장으로 이체되는 금액을 제외하면 모두 저축이나 투자를 할 수 있다.
3. 용돈통장으로 매월 일정한 금액을 자동이체되도록 한다.
4. 적금/펀드 납입금을 자동이체한다.

☞ 정기적인 상여금이나 보너스는 목돈을 만들 수 있는 찬식 적금이나 펀드에 추가불입을 하거나 CMA, MMF 등에 일시적으로 예치했다가 1,000만 원 단위로 종자돈을 만드는 데 활용해도 좋다.

 용돈통장

1. 정해진 용돈으로 소비지출을 관리하는 통장이다.
2. 시간관리도 재테크다. 보험료나 핸드폰 요금, 신문 구독료, 회비 등 매월 정기적인 지출은 모두 자동이체한다. 월급통장에서 수입

과 지출을 모두 관리하던 때와는 달리 지출항목만 관리하게 되어 지출되는 내역을 날짜별로 쉽게 파악할 수 있다.

3. 신용카드는 NO! 용돈 지출은 체크카드로만 한다.

체크카드는 사용과 동시에 통장에서 잔액이 인출되는 카드다. 체크카드를 사용하면 통장에 날짜, 금액, 사용처가 표시되어 가계부를 정리할 필요 없이 한 달 소비가 어떻게 이루어졌는지 한눈에 볼 수 있고, 통장 잔액을 보면서 소비를 억제하게 되어 지출관리를 효율적으로 할 수 있다.

거래일자	내용	입금	출금	비고	잔액
2007-04-26	입금	₩ 300,000		월급통장이체	₩ 300,000
2007-04-26	CARD		₩ 80,000	OO백화점	₩ 220,000
2007-05-01	CARD		₩ 15,000	스타벅스	₩ 205,000
2007-05-05	CARD		₩ 14,000	CGV	₩ 191,000
2007-05-10	핸드폰		₩ 45,000	010-000-0000	₩ 146,000

4. 자신에게 절대 관대해지지 마라.

정해진 용돈을 다 소비했는데 세일하는 물건이 마음에 든다고 '이건 지금 사는 게 남는 거야. 다음 달에 보너스 나오는데 이번 달만 월급통장에서 좀 빼지 뭐'라고 생각해서는 모든 노력이 물거품이 되어버리고 만다. 정해진 금액에서 지출하기로 한 자신과의 약속이 한 번 무너질 수 있다면 두 번 무너지는 것은 시간문제이기 때문이다.

일명 비상금주머니다. 펀드를 처음 가입할 때는 '이번에는 꼭 1,000만 원을 만들고 말리라' 고 큰맘 먹고 펀드를 들지만, 가입한 지 3개월이 지나기도 전에 꼭 돈 쓸 일이 생겨서 해지를 하고 만다. 펀드나 적금을 중도해지를 하게 되는 가장 많은 이유 중의 하나가 갑자기 돈이 필요할 때 쓸 예비비통장이 없기 때문이다. 사람 일은 한 치 앞을 모르는 일. 병원비나 실직 등 예상치 못한 지출이 생길 것을 대비해 매월 용돈통장으로 이체되는 금액의 3~6개월분 정도를 예비비주머니로 마련해보자.

저축을 하는 이유도 결국은 행복해지기 위한 것이다. 예비비는 훌쩍 어디론지 떠나고 싶을 때, 내가 행복해 지고 싶을 때 사용할 주머니이기도 하다. 예비비통장은 언제 쓸지 모르는 돈을 관리하는 비상자금을 관리하는 통장이므로 항상 인출이 가능하면서 하루를 맡겨도 고금리를 받을 수 있는 CMA나 MMF를 활용하자. MMDA의 경우 금융기관에 따라서는 금액에 따라 금리를 차등 적용하는 경우가 있어서 일정금액 이하의 경우 일반 저축예금 금리수준(이자가 거의 없음)밖에 안 될 수도 있다는 점에 유의하자.

재테크는 거창하게 몇 날 며칠 공부해야만 시작할 수 있는 것이 아니다. 한 달을 꼬박 출근해서 받은 월급을 필요한 곳에 효율적으로 쓰고, 새는 곳 없이 돈을 관리하고 불려서 현재와 미래의 행복을 위해 투자해나가는 것이 재테크다. 월급통장 하나 관리 잘하면 재테크의 절반은 성공한 것이다. 그중에서도 돈을 효율적으로 쓰는 지출관리 는 어떤 투자방법보다도 쉽고 수익률을 높힐 수 있는 투자방법이다. 인터넷을 뒤져 금리비교를 한 뒤 500만 원 정기예금을 하는 데, 1% 의 이자를 더 받겠다고 30분 거리에 있는 상호신용금고까지 발품 팔 고 가서 1년을 기다려서 5만 원 이자 더 받는 것보다, 당장 5만 원을 절약하는 것이 재테크 성공으로 가는 훨씬 쉽고 빠른 지름길이다.

어느 날 메일을 열어보니 '탁현심 PB님 감사합니다' 라는 제목의 메일이 도착해 있었다. 처음에는 스팸메일이 아닐까 싶었지만, 고객 의 글일 수도 있으니 클릭을 해봤다. 뜻밖에도 내 강의를 들은 20대 초반의 귀여운 꼬마 아가씨였다. 솔직히 얼굴과 이름은 기억이 나지 않았지만 그녀의 깜찍한 사진에 함박웃음을 짓고야 말았다. 그녀는 용돈통장을 따로 관리하라는 말을 듣고 실제로 그렇게 해봤다고 한 다. 대학교 2학년이라 '수입과 지출이 얼마나 자주 일어날까' 라고 생각했는데, 과외로 벌어들인 돈과 아르바이트로 다달이 80만 원 남짓한 돈을 벌고 있었다.

그녀가 보내준 사진은 그녀의 용돈통장이었는데, 형광펜으로 자 동이체 내역을 표시해두고 있었다. 처음엔 지출을 관리하기 위해 용 돈통장을 만들었다고 한다. 하지만 용돈통장을 유심히 들여다보니 새나가는 돈이 만만치 않다는 걸 발견하게 되었단다. 그녀는 아직

학생이라 큰돈을 지출할 일은 많지 않아 현금인출기에서 2~3만 원 단위로 돈을 인출하여 사용하는 습관을 가지고 있었다. 이렇게 인출한 횟수가 한 달 동안 무려 18번. 현금인출기를 자주 이용하다 보니 이용수수료 또한 만만치 않았던 것이다. 2만 원씩 인출할 때마다 적게는 500원에서 많게는 1,300원까지로 한 달에 지불한 수수료가 1만 원이 넘는 것을 발견하고 자신의 습관을 고쳐나가기로 마음을 먹었다고 한다.

용돈통장을 별도로 만드는 것은 이처럼 그동안 알지 못했던 자신의 소비습관을 알고 불필요하게 지출되는 부분을 바로잡는 데 도움이 될 수 있다. 재테크는 어려운 것이 아니다. 재테크는 얼마나 아느냐보다 지금 당장 실천할 수 있는 것부터 하나씩 실천하는 것이 훨씬 더 중요하다는 것을 잊지 말자.

MMF냐 CMA냐, 그것이 문제로다 TIP

내 사전에 일 안 하고 놀고 있는 돈은 못 본다. 가지고 있는 통장을 샅샅이 살펴 이자생산 하나도 못 하고 무위도식하는 돈이 없는지, 이자를 더 받을 수 있는데 방치된 돈은 없는지 항상 살펴야 한다. 펀드투자하려고 타이밍을 기다리는 적금 탄 돈, 1개월 뒤 결혼식 때 쓰려고 있는 돈, 없는 돈 달달 긁어모아 놓은 결혼자금, 2주일 후 여름휴가 때 쓸 보너스, 비상금으로 마련한 예비비주머니까지 몇 개월이고 몇 년이고 기간을 정해 묶어놓을 수는 없는 돈이지만, 1%도 안 되는 이자밖에 안 준다면 이자 한 푼 안 받고 돈 빌려준 것처럼 섭섭하다. 그렇다고 1개월도 채 안 되어 쓸 돈을 주식투자나 펀드투자 할 수도 없다. 이럴 때 수시로 입출금도 할 수 있으면서 1개월 정기예금 이자 못지않은 고수익을 안겨주는 MMF, CMA통장을 활용해보자.

• MMF

MMF는 단 하루 동안, 1,000원만 맡겨도 연 5%(2007년 12월 28일 기준 정도)의 고수익을 받을 수 있는 수시 입출금식 상품 중 가장 대표적인 고수익 상품이다. 얼마를 맡겨야 한다는 제한도 없고, 얼마 동안 맡겨야 한다는 제한도 없다. 수시 입출금이 가능하며 맡긴 금액에 대해 맡겨두었던 기간만큼 수익을 계산해서 돌려준다. MMF는 예금자 보호대상은 아니지만 맡겨진 자금은 기업의 신용등급 중에서 최상급 회사채나 국공채 등에 주로 투자하므로 안전성은 안심해도 된다. 배당률은 시중금리 변화에 따라 매일 변동을 하는데 요즘과 같이 금리가 오르는 시기에는 배당률도 따라서 오르게 된다. 그러나 MMF는 고금리를 챙길 수 있는 수시 입출금 기능 외에 가계자금관리를 위한 계좌이체나 자동이체 기능이 없다. 때문에 잠시 보류 중인 자금을 MMF로 백배 활용하기 위해서는 저축예금통장과 짝꿍을 이루어 저축예금은 결제자금 용도로, 각종 자동이체나 결제자금을 제외한 여유자금은 MMF로 옮겨 사용하면 된다. MMF는 은행이나 증권사 그리고 종금사에서 가입할 수 있다.

• CMA

2007년 한 종합금융사에서 '이자 받는 월급통장'으로 대대적인 광고를 하면서 새롭게 부각된 상품이다. 0.1~0.5%대의 금리를 지급하는 은행권 입출금통장에 비해 4~5%대의 높은 수익을 주는 수시 입출금식 통장이다. 단, MMF와는 달리 맡겨진 기간에 따라 금리를 차등 적용한다는 것에 유의해야 한다. 은행의 가상계좌를 통해 자동이체나 결제기능이 가능하다. 그러나 점포가 많지 않다는 것이 거래하는 데 있어 번거로울 수 있고, 가입기관에 따라 일부 입출금거래나 계좌이체, 몇몇 카드대금결제의 경우 제한이 있을 수 있으므로 가입할 당시 자주 이용하는 결제기능의 가능여부와 계좌이용방법에 대해 꼼꼼하게 확인하는 것이 좋다. CMA는 종금사와 증권사에서 가입할 수 있다.

결혼계획에 따라 자금계획도 달라진다

결혼은 사회생활을 시작하고 3~6년 정도가 지난 다음 하는 경우가 많다. 한 결혼정보회사의 설문조사에 따르면, 결혼비용으로 남자는 9,609만 원(주택 관련 7,919만 원) 그리고 여자는 3,335만 원을 부담하는 것으로 나타났다. 한국결혼문화연구소가 2005년도 결혼한 신혼부부 305쌍을 대상으로 한 설문조사에 따르면, 전체 결혼비용 중에서 남자는 5,409만 원(56.29%), 여자는 1,814만 원(54.39%)을 가족의 도움을 받아 해결한 것으로 조사되었다.

결혼식은 결혼을 안 한 싱글에게는 아름다운 환상일 수밖에 없다. 결혼 전에 치르는 동화 같은 웨딩촬영부터 꿈꾸던 하얀 드레스를 입고 양탄자를 밟으며 많은 하객들의 축하를 받고 입장하는, 드라마 한 장면의 주인공이 될 수 있기 때문이다. 예물도 친구들에게 자랑할 정도는 되어야 한다. 신혼방은 일찌감치 보아두었던 예쁜 커튼과 침대커버 그리고 디자인 벽지로 바르고 싶다. 전자제품은 신혼집 크기가 얼마가 되었든 냉장고는 커야 하고, TV도 42인치 PDP는 되어야 한다.

그리고 평생 한 번뿐인 결혼식을 위해 그동안 악착같이 모았던 쌈짓돈도 아깝지 않다. 결혼 몇 주 전부터 신랑신부 마사지는 기본이고, 웨딩드레스도 평생 한 번 입는 것인데 가장 예쁜 것으로 입고 싶다. 웨딩촬영도 실력 있는 작가에게 맡겨 가장 드라마틱하게 찍어두고 싶다. 그러나 딱 20분 동안 진행되는 결혼식의 허무함을 시작으로 신혼여행을 다녀온 후부터는 실전이다. 화려한 결혼식도, 평생에 한 번 입는 것이라고 비싸게 빌려 입은 웨딩드레스도 지켜보는 사람들에게는 순간의 잔상일 뿐, 똑같은 결혼식장이고 하얀 웨딩드레스로 기억된다. 그러나 신용카드로 결제해서 받은 비싼 예물과 혼수들은 행복해야 할 신혼생활을 카드빚으로 시작하게 한다.

한평생 먹을 것 안 먹고 입을 것 안 입으시며 노심초사 애달픈 마음으로 키워주신 것도 감사한데, 결혼비용쯤은 스스로 해결하는 것은 기본 아닐까? 더불어 결혼비용과 혼수비용은 최소화해서 둘이 힘을 합쳐 내집부터 장만하는 센스도 보여주면 어떨까?

:: 결혼자금 1 '올해는 할 것 같다' 라면

1년 안에 결혼을 할 예정이라면 복리식 회전정기예금이나 MMF, CMA를 활용하자. 복리식 정기예금은 3개월, 6개월마다 원금과 이자를 합해서 자동으로 복리회전하며 중도해지를 하더라도 이미 회전을 한 부분은 정해진 이자를 다 받을 수 있다. 미처 기간이 채워지지 않은 기간만 중도해지이자로 받으면 된다. 예를 들어 7개월 후에 자금을 쓸 경우 1년 정기예금을 가입했다면 모두 중도해지이자를 받게 된다. 하지만 3개월 회전정기예금으로 한 경우 7개월 만에 해지를 한다면 3개월씩 두 번 회전을 한 6개월에 대해서는 이자를 모두 받고, 마지막 1개월 이자분만 중도해지이자를 받게 된다. 그러나 금리는 당연히 기간이 짧을수록 낮아지므로 자금이 필요한 상황에 맞춰 상품을 선택해야 한다. MMF, CMA는 수시로 입출금을 할 수 있으면서도 고수익을 받을 수 있다. 수익계산도 돈을 맡겼던 기간만큼 받을 수 있고, 수익률 수준도 경기 상황에 따라 3개월 정기예금 금리보다 높은 때도 있으므로 비교해서 선택하면 된다.

:: 결혼자금 2 '언젠가는 하겠지' 라면

세상을 살아보니 결혼처럼 내 마음대로 안 되는 것도 없다. 1980년대 처음 은행에 입사를 했을 때 선배언니들이 목돈 좀 만들려면 적금은 무조건 5년짜리로 가입하라고 충고해줄 때 "5년씩이나 어떻게 은행을 다녀요? 2년 정도 다니고 시집갈 거예요"라고 우기며 기어코 2년짜리 적금을 들었던 기억이 난다. 그러나 웬걸, 2년짜리 적금 만기가 10바퀴를 지나고 나서야 고무신 한 짝을 만나 결혼을 했으니 변명의 여지가 없다.

나의 경우는 심해도 너무 심했다. 그래도 고무신 한 짝이 내 마음대로 찾아지는 것도 아니고 1년 후에 나타날지 5년 후에 나타날지 도대체 감을 잡을 수 없기는 마찬가지다. 설사 나타난다고 해도 한 달만 사귀고 결혼을 하게 될지, 싱글의 행복과 연애를 최대한 만끽하고 좋은 남자친구로 10년 사귀다 결혼을 하게 될지도 모르는 일이다. 언제 할지 모르는 결혼이라면 기왕이면 돈이라도 많이 불어날 수 있는 방법을 선택하는 것이 좋다. 그러다가 결혼을 필수로 생각하지 않는 요즘 세태로 볼 때 불어난 종자돈은 결혼자금보다 주택자금으로 활용할 수도 있다.

주머니를 단기(1년 이내), 중기(3~5년 이내), 장기(5년 이상) 상품으로 나누어 적립한다. 저축하는 돈을 한 통장에 장기로만 해놓으면 지루하고 저축하는 재미도 없을 뿐 아니라, 저축도 조삼모사다. 이렇게 1년마다 적금을 타는 재미도 있고 1,000만 원, 2,000만 원 목돈으로 불어나는 재미도 있어야 재테크에 맛이 난다. 자고로 돈맛을 알아야 효과도 백배가 된다.

1년 만기 단기로 저축하는 것은 안정적인 확정상품으로, 3~5년

중장기로 적립하는 것은 주식형적립식펀드로, 5년 이상 장기로 투자하는 것은 주식형적립식펀드나 장기주택마련펀드에 투자한다.

이렇게 기간을 나누어 투자를 하다가 결혼이 예정되거나 주택을 구입하여 자금이 필요한 시기가 1년 이내로 예정되었을 때부터는 펀드자금을 차츰 환매하여 안전한 상품 쪽으로 옮겨놓아야 낭패가 없다. 결혼자금이나 주택자금은 거액의 자금이 필요하다. 적은 돈을 4%도 안 되는 정기적금으로 마련하려면 적립식펀드로 투자하는 것보다 몇 년을 더 모아야 할지도 모른다. 돈을 굴릴 수 있는 기간에 맞는 상품을 잘 골라서 투자하면 주머니도 빵빵해지고 행복도 몇 배로 늘어난다.

> ### ◇ 20대 재테크, 결혼자금이 아니라 주택자금이다
>
> 아파트 하나 장만하려면 주택청약상품은 기본. 나이, 성별, 연령 상관없이 재테크 주머니 중 하나는 꼭 가지고 있어야 할 상품이다
>
> 가입할 수 있는 조건도 다르고, 주공아파트를 청약하느냐 브랜드 있는 일반아파트를 청약하느냐에 따라 출발부터 다르다
>
> **• 청약저축(적립식)**
> - 매월 2~10만 원. 최소 24회 2년 이상 납입하면 1순위
> - 동일한 순위 내에서는 납입회차가 많고 납입금액이 큰 순서로 당첨
> - 택지개발지구 내에 주공아파트나 임대아파트에 청약 가능

- **청약부금**(적립식)
  - 매월 10~50만 원. 가입 후 2년이 지나고 300만 원이 되면 1순위
  - 청약가점제 대상
  - 일반아파트(삼성, 현대, 대우 등)에 청약 가능

- **청약예금**(거치식)
  - 청약하고자 하는 면적에 따라 가입금액이 다름. 가입 후 2년이 지나면 1순위
  - 청약가점제 대상
  - 일반아파트(삼성, 현대, 대우 등)에 청약 가능

똑똑한 여우는 비자금통장을 만든다

추석연휴가 되면 백화점 상품권을 선물하거나 선물받는 일이 많아진다. 백화점은 추석연휴 때 쏟아 부은 상품권을 회수하기 위해서인지 아니면 추석보너스 등의 명목으로 저마다 두둑하게 용돈을 챙기는 시즌인 것을 알고 있는지 곧바로 열흘 이상의 세일기간을 만든다. 이때가 20대 여우들의 지갑도 분주해지는 시즌이다. 특히 여성들이 눈독을 들이는 지출항목은 겨울코트와 부츠 등 월동준비에 필요한 상품들이다. 겨울이 되면 현재 가격의 3~4배 정도는 줘야만 구입할 수 있다는 명분을 내세워 쇼핑백 한가득 물건을 담고 백화점을 나온다.

어느 날 한 후배가 발목까지 오는 S브랜드의 앵글부츠가 10만 원대로 판매되었는데 2시간 만에 동이 나 자신은 못 샀다며 하소연을 했다. 그 후배는 쇼핑을 즐기기보다는 필요한 물건에만 투자를 하는 친구였고, 또 세일기간을 이용해 현명한 소비를 하는 친구라 나 역시 같이 아쉬워해줬다. 하지만 이런 경우가 아니라면 10만원의 가치를 다른 용도로 지출하라고 말하고 싶다. 월동준비를 해야 겨울을 날 수 있다면 과연 인생의 월동기인 노후는 어떻게 준비를 하고 있을까?

결혼자금, 교육자금, 주택자금은 경제사정에 따라 지출규모가 달라질 수 있지만, 생계를 위한 최소한의 노후자금을 마련하는 것은 선택이 아니라 필수다.

한 사람의 일생은 태어나 20여 년은 부모님의 따뜻한 날개 밑에서 세상으로 나아갈 준비를 하며, 부모님의 품을 떠나 세상에 나와 20~30여 년은 경제활동을 하게 된다. 그리고 비로소 부모님의 마음을 이해하게 될 즈음엔 이제 더 이상 경제활동을 하기 힘든 노년생활에 접어들게 된다. 그러고 보면 경제활동을 할 수 있는 기간은 길어야 30여 년이다. 간단하게 계산한다고 해도 경제활동을 하는 30년간 벌어서 은퇴한 후 30년을 먹고 살아갈 노후자금만 만들기 버거운데, 30년 동안 벌어서 결혼하고 내집마련하고 애들 교육시키고 결혼까지 시키고 나서 자신의 노후자금까지 해결해야 한다는 결론이다.

가장 안정적인 노후대비수단이 되어야 할 국민연금이, 벌써부터 내야 할 보험료는 오르고 수령액은 줄어드는 연금개혁안이 실시되고 있는 걸 보면 현재 20대가 연금을 받을 수 있는 몇 십 년 후의 공적연금은 추후 제도의 개혁과 변경 여부에 따라 어느 정도 혜택을 줄 수 있는지 가늠하기가 불확실해진다.

　안정적인 노후를 위해서는 일정 부분이 최소한 절대적인 확신을 가질 수 있는 형태로 준비되어야 하는데 그래도 가장 신뢰할 수 있는 것은 개인이 스스로 준비를 하는 방법이다. 준비 안 된 노후에 대해 불안해하는 우리나라 노인들과 달리, 미국 중산층이 은퇴 후 여유로운 노후생활을 할 수 있는 이유는 대부분의 은퇴 관련 상품들이 59세가 되기 전에는 찾아 쓸 수 없도록 되어 있고, 과세당국에서도 세금을 공제하고 세금을 만기까지 이연해주는 등 다양한 혜택을 제공하고 있어서 젊었을 때부터 꾸준하게 20~30년 동안 연금 상품에 돈을 묻어둔 결과다.

연금 마련은 최소한 20~30년 후에 써야 할 돈을 마련하는 장기플랜으로 복리의 효과, 즉 시간의 힘이 가장 크게 나타날 수 있다. 세계 두 번째 부자인 워렌 버핏은 복리효과를 "시간의 언덕에서 눈덩이를 굴리는 원리"와 같다고 했다. 오랜 시간을 굴리면 굴릴수록 굴려지는 '돈의 눈덩이'가 기하급수적으로 커진다는 원리다. 복리의 효과가 본격적으로 나타나는 것은 대략 10년의 기간이 지나면서부터다. 이것이 30대에 연금을 준비하는 것보다 20대에 준비하는 것이 훨씬 효과적인 이유다. 연금은 돈을 얼마나 적립하느냐가 중요한 것이 아니다. 물가상승률 때문에 지금의 100만 원이 20년 후에는 10만 원의 가치밖에 안 될 수도 있기 때문이다. 몇 십 년 후에 써야 할 돈을 모으는 장기플랜인 만큼 무엇보다도 돈의 가치를 유지하며 돈을 불릴 수 있는 곳에 투자가 되어야 한다. 근래는 생각보다 빨리 사망하는 위험보다 생각보다 오래 사는 것이 더 걱정인 시대다. 연금을 일정 기간 정해진 동안만 받을 수 있다면, 연금기간보다 오래 살아도 문제다. 연금 마련을 위한 상품을 선택할 때는 경제가 성장할수록 저금리가 예상되는 만큼 물가상승률 이상의 투자수익을 기대할 수 있는지, 연금을 사망할 때까지 받을 수 있는 종신형으로 선택이 가능한지를 따져 보고 선택해야 한다.

미희 씨는 결혼자금, 주택자금 등 당장 돈이 필요한 곳이 많지만 재테크 전문가마다 빼놓지 않고 강조하는 노후준비를 위해 매월 10만 원씩 불입하는 연금주머니를 만들었다. 처음에는 적은 월급에서 10만원이라는 거금을 떼어낸다는 것이 부담스럽게 느껴지고 해지하지 않고 잘 적립할 수 있을지 반신반의했다. 그러나 막상 주머니를 마련하고 보니 10만원이 없어도 생각했던 것만큼 생활에 지장을 주지 않을 뿐더러 월급날에 자동이체를 해서인지 10만원을 월급에서 따로 떼어 내는 것이 아니라, 본래 월급이 그만큼인 것으로 생각되었다. 처음에는 5년도 긴 세월인데 30~40년 후를 위해 무엇인가를 준비한다는 것이 마치 뜬구름 잡듯 허황한 것 같은 생각도 하였으나, 오히려 '20대 때 노후준비를 시작한다'는 생각을 하니 왠지 모를 뿌듯함과 안도감이 든다고 한다. 지금은 10만원밖에 적립할 수 없지만, 매년 월급이 오를 때마다 연금주머니를 빵빵하게 늘려갈 생각이다.

노후준비는 먼 훗날의 일이라고 생각하며 나중에 여유가 생긴 다음 주머니를 만들 생각을 한다면 연금을 준비할 만큼 여유 있는 생활을 할 수 있는 날은 돌아오지 않는다.

소득이 늘어날수록 지출항목별로 지출액이 늘어날 뿐만 아니라, 결혼하고 나이가 들수록 지출구조도 복잡해져 교육비, 주택마련, 경조사비 등 돈을 써야 할 곳이 늘어날 일만 있기 때문이다.

지금 당장 10만원! 아니 이도 부담스럽다면 단 5만원이라도 연금주머니를 만들어라. 20대는 당장 결혼(주택)자금을 마련해야 하니 연금주머니는 작을 수밖에 없다. 허락하는 만큼 연금주머니를 마련하고, 소득이 늘어나면 주기적인 자산주머니들의 리모델링을 통해 연금주머니를 차츰 늘려나가면 된다. 명심해야 할 것은 노후준비를 위해 마련한 연금주머니를 결혼자금이나 주택자금 등 다른 용도를 위해 대출을 받거나 써버려서는 안 된다는 것이다. 연금주머니는 노년에 자신을 지켜줄 수 있는, 오로지 나 자신을 위한 인생 최후의 비자금주머니이기 때문이다.

종신보험은 부양해야 할 가족이 있는 가장이 젊은 나이에 너무 일찍 사망했을 때 남아 있는 가족의 생계를 위해 준비하는 보험이었다면, 수명이 길어져서 준비한 것보다 노후를 너무 오래 살 때를 대비하는 보험이 연금보험이다.

젊었을 때의 짧은 즐거움을 노년의 긴 고단함과 바꾸고 싶은 사람은 없을 것이다. 젊었을 때 연금을 1년 더 준비하면 노년의 1년을 편히 지낼 수 있다. 젊었을 때의 적당한 행복과 노년의 적당한 행복을 배분하는 지혜가 필요한 시기다.

연금주머니 이렇게 마련하자 TIP

• **연금도 분산투자하라**

30년이 넘는 기간 동안 준비를 해야 하는 연금주머니는 안정성과 수익성을 겸비하는 것이 관건이다. 보험과 펀드 두 가지 효과를 노릴 수 있는 변액보험(변액유니버셜보험) 그리고 일반연금보험에 나누어 투자를 하는 것이 요령이다.

• **여자는 남자보다 7년을 더 준비해야 한다**

평균수명과는 달리 기대여명은 연령대별로 남은 수명에 대한 통계다. 2005년도 기대여명에 대한 통계청 자료에 의하면, 현재 20세인 남자는 55.9년, 여자는 62.5년, 30세인 남자는 46.2년, 여자는 52.8년을 더 산다고 한다. 같은 연령이라면 여자가 남자보다 7년을 더 산다는 얘기다. 사망할 때까지 연금을 지급한다는 연금보험은 보험대상자가 사망을 하면 연금을 지급하지 않는다. 따라서 연금주머니는 부부가 따로따로 마련해야 한다.

• 건강이 재산이다

노년에는 젊었을 때보다 몸에 고장이 많다. 따라서 가장 지출이 많고, 또 나이가 많아질수록 지출이 늘어나는 부분도 의료비다. 대부분의 사람이 노후에 쓸 만큼의 돈을 모으기가 쉽지 않은데, 치아라도 고장이 나면 거액의 돈을 지출하게 되어 애써 모은 노후자금이 위태로워진다. 보장보험으로 늘어나는 의료비 지출을 보장받을 수 있도록 준비하는 것도 노후준비가 되지만, 건강할 때 치아관리·건강관리 잘하는 것은 돈 안 들이고 할 수 있는 가장 훌륭한 노테크다.

• 평생 즐기면서 할 일을 찾아라

가장 확실하고 안전한 노테크는 평생 일을 하는 것이다. 직장에서 일에 지치다 보면 한 달 정도 푹 쉬고 싶어질 때가 있다. 모처럼 쉴 생각에 일주일 휴가를 내어 아무 계획 없이 집에 있다 보면, 하루 이틀은 자유를 만끽하지만 3일째가 되면 누구 만날 사람이 없는지 찾게 되고, 하루가 지루하기 짝이 없다. 노년에 할 일을 준비하지 않는다면 하루가 한 달 같은 지루한 생활을 20~30년 계속하는 고통을 받아야 할지도 모른다. 나이가 들면 부모님도 없고, 형제도, 만나고 싶은 친구도 하나 둘씩 세상을 등지는 것이 순리다. 평생 즐기면서 할 수 있는 일을 찾는 것은 길고 긴 노년을 보내는 데 더없이 좋은 벗이 될 수 있다.

5만 원으로 만드는 보장자산

보험은 예기치 못한 병에 걸리거나 사고를 당하게 되는 경우를 대비해서 평상시에 적은 돈의 보험료를 내고, 나 대신에 거액의 비용을 대신 지불해줄 스폰서를 마련해둠으로써 만일의 경우에도 흔들리지 않고 나의 생활을 지켜낼 수 있는 든든한 보장자산주머니다.

어떤 일이 생겨도 감당할 수 있을 만큼 충분한 돈을 가지고 있는 사람은 극소수에 불과하고, 대다수의 사람은 자신이 필요한 만큼 돈을 가지고 있지 않다. 충분한 돈을 가지고 있지 않은 상황에서 병이나 사고라도 당하게 되면 내야 할 거액의 치료비가 부담이 될 수밖에 없고, 결혼자금이며 주택자금이 모두 물거품이 되고 만다.

20대는 사회초년생이 많아 다른 연령대에 비해 소득이 적을 수밖에 없고, 결혼자금이나 주택자금 등 돈을 써야 할 곳도 많아 보험을 가입할 수 있는 여력 또한 적다. 따라서 최소한의 적은 돈으로 필요한 보장자산을 효율적으로 마련해야 한다. 자신이 사망 시 보험금으로 가족들의 생계를 돕는 종신보험보다는 자신이 질병에 걸리거나 다쳤을 때 진단비나 치료비, 입원비를 보장받을 수 있는 건강보험이나 민영의료보험을 먼저 준비하면, 5만 원이면 든든한 보장자산주머니를 마련할 수 있다.

:: 보장자산 마련하는 법

1. 보험계약사항을 꼼꼼하게 확인하자

보험사도 장사다. 보험사는 계약내용과 약관에 있는 딱 그만큼만 보장을 한다. 가입할 때 약관내용 복잡하다고 대충 들어놓고, 정작 필요할 때 보험금을 지급받을 수 없다면 들어놓은 보험도 무용지물이다. 보험을 가입할 때는 계약내용을 하나씩 꼼꼼하게 살펴보고, 보장받고자 했던 일이 발생했을 때 보험금을 실제로 지급받을 수 있는지 따져보아야 한다.

2. 진단금 확인이 필수

암 등 중대질병에 관한 보장을 위해 보험을 가입하는 경우는 진단금이 있는 것이 좋다. 암에 걸리게 되면 수술비나 입원비뿐 아니라 생활비나 간병비까지 문제가 될 수 있다. 수술비와 입원비 보장은 병원에 내야 하는 딱 치료비만큼만 보험사가 대신 지급하는 것이다. 암 진단금의 경우 보험계약이 '암 진단 시 1,000만 원'이라고 정해져 있다면 병원에서 암이라는 진단만 확정이 되면 지급하는 것으로 간병비나 생활비로 요긴하게 사용할 수 있다.

3. 보장기간은 길게 하라

질병이나 사고에 대한 보장보험은 가입하는 사람이 나이가 많아질

수록 보험료가 비싸진다. 특히 질병의 경우 나이가 많아질수록 병에 걸릴 확률이 많아지기 때문이다. 요즘은 성인병의 발병연령이 점점 젊어지고는 있지만 가입자의 입장에서도 젊을 때보다는 나이가 들수록 보장이 필요해지는 것이다. 따라서 질병이나 사고에 대한 보장 보험은 한 살이라도 나이가 어릴 때 최대한 보장기간을 길게 해서 가입하는 것이 평생 보험료를 아낄 수 있는 방법이다.

4. 20대는 순수보장성보험이 좋다

보험을 선택할 때 만기에 돈을 돌려준다고 좋은 보험으로 착각을 하거나 보험을 저축수단으로 오해를 하는 경우가 많다. 그러나 보험만기가 되면 돌려주는 환급금은 보험사고가 발생했을 때 보험금을 지급하는 조건으로 받아야 하는 보험료보다 더 받은 돈에 약간의 이자를 붙여 다시 돌려주는 것이다.

예를 들어 '암 진단 시 1,000만 원'의 진단금을 보장받기 위해 내야 할 보험료가 1만 원이라면 순수보장성보험료는 1만 원이며 만기에 돌려주는 돈이 없고, 만기환급금이 있는 보험료는 15,000원이며 5,000원 만큼의 만기환급금이 있는 식이다.

따라서 만기환급금이 있는 보험은 순수보장성보험에 비해 같은 보장금액에 대해 내야 할 보험료가 더 많게 마련이다. 특히 20대의 경우 앞으로 지출해야 할 돈이 많고 수입이 적으므로 질병이나 사고에 대한 보험은 보험료가 적은 순수보장성보험으로 준비하고, 나머지는 결혼자금이나 주택자금을 마련하는 데 투자하는 것이 훨씬 효과적이다.

20대가 챙겨야 할 보험

◇ 의료비보장 (민영의료보험)

건강보험공단에서 지불해주지 않고, 본인이 부담해야 할 의료비를 보장받을 수 있다. 의료장비가 첨단화되고 있는 추세로 첨단장비에 의한 검사비 부담이 증가되고 있다. 민영의료보험은 MRI, CT 등 건강보험공단에서 의료보험 처리가 안 되는 고가의 검사비도 지원받을 수 있다.

◇ 진단자금보장 (건강보험 또는 암 보험)

의료비(수술비나 입원비 등)가 실제 병원에 지불되어야 하는 만큼만 보험금으로 지급되는 데 반해 진단금은 중대질병(보험가입 시 진단금 보장이 되어 있는 질병)이라는 진단만 확정되면 정해진 보험금을 받을 수 있어서 간병비나 생활비 등으로 활용할 수 있다.

◇ 연금보험

종신보험은 일찍 사망하는 것에 대비한 보험이라면, 연금보험은 생각보다 오래 사는 것을 대비하기 위한 보험이다. 평균연령이 이미 80세를 넘어선 지 오래다. 시간이 지날수록 의료기술의 발달과 평균수명 연장으로 조기에 사망할 확률은 적어지고 인간의 수명은 점점 더 길어질 전망이다. 이제는 일찍 죽는 것보다 오히려 오래 사는 것에 대한 준비가 더 필요한 시대다.

군살 빼는 '보험다이어트' 요령

◇ 필요한 보장항목을 정한다

- 의료비, 진단비, 사망보험금 등 필요한 보장금액을 정한다. 보장금액이 많으면 좋겠지만 주머니 사정에 맞게 선택해야 한다. 보장금액은 보험료에 비례한다.
- 특약은 보장이 겹치지 않게 꼼꼼하게 필요한 부분만 추가한다. 가입하려는 보험과 기존에 가입한 보험의 보험설계서를 펼쳐놓고 주된 보장과 특약이 겹치는 부분을 꼼꼼하게 체크해서 뺄 것은 빼고 추가할 것은 챙긴다. 종신보험에서 암에 대한 특약이 있다면 필요 이상으로 건강보험에서 암보장을 받을 필요는 없다.

◇ 총지출해야 할 보험료가 소득에 비해 부담이 되지 않아야 한다

소득은 정해져 있고 결혼자금, 내집마련, 노후자금 등 돈 쓸 곳은 많다. 보험으로 모든 저축을 대신할 수는 없고, 보험료가 부담이 되면 중도에 해지하게 될 가능성이 많다. 정해진 보험료가 부담이 된다면 필요한 보장항목을 나열해서 우선순위로 결정하거나 보장금액을 조절해야 한다.

적은 돈으로 어느 날 닥칠지도 모르는 중대한 위험으로부터 나를 보호해주는 보장자산을 챙길 수 있는 것이 보험이라면 재산주머니를 보호하기 위해서도 꼭 필요한 안전장치임에는 틀림이 없다. 그러나 불필요한 보험에 대한 보험료 지출은 쓸데없이 돈을 버리는 것과 마찬가지다. 보험은 한 번 가입을 결정하면 최소한 몇 년에서 몇 십 년 동안 보험료를 내야 한다. 중도에 해약을 하게 되면 원금만 손해 본다고 생각하지만 차라리 그때 그 돈으로 처음부터 적립식펀드 등에 투자를 했을 때와 비교한다면 손실액은 단순히 원금만 손해

보는 것 이상이다.

따라서 보험은 시작부터 꼼꼼하게 따져보고 신중하게 가입을 결정해야 한다.
꼭 받아야 될 보장은 챙기고 납입할 보험료는 최소화하는 것이 보험테크다.
보험을 가입할 때는 신중하게, 가입한 보험은 주기적으로 군살을 빼고 리모
델링을 하자.

세금IQ를 높여 꼼꼼하게 돌려 받자

똑같은 물건을 사는데 나한테만 1,000원 더 내라고 하면 발끈하면
서, 똑같은 월급을 받는데도 자신만 세금을 더 내는 것에 대해서는
둔감한 이유는 무엇일까?

아마도 세금은 복잡하고 귀찮다는 편견 때문이거나 세금 차이가
나면 얼마나 나겠느냐고 생각하는 안일함 때문일 것이다. 당장 주머
니에서 빠져나가는 돈은 한 푼이라도 아쉬워하면서 언젠가 돌려받
을 수 있는 세금에 대해선 당장 신경 쓰고 싶지 않다는 심리는 재테
크에 아무런 도움이 되지 않는다. 해마다 연말이면 월급쟁이들은 연
중행사처럼 연말정산을 하는데, 1년 동안 잊어버리고 살다가 연말
이 되어서 갑자기 신경을 써봐야 세금을 절약하는 방법에 한계가 있
기 마련이다. 올해 받을 수 있는 소득공제는 더 없는지, 내년에는 연

말정산이 어떻게 바뀌는지 미리 알고 1년 동안 꼼꼼하게 준비해야 돌려받을 세금을 빠짐없이 돌려받을 수 있다.

연말정산 얼마나 받을 수 있을까? 복잡한 세무지식 동원할 필요 없이 국세청 홈페이지(http://www.nts.go.kr)에서 연말정산자동계산을 통해 간단하게 계산해볼 수 있다. 연간소득금액을 알 수 있는 소득금액명세서를 참조하여 총급여액과 기납부 세액을 입력한 후 소득공제를 받을 항목을 입력하면 된다. 전체펼쳐입력하기를 클릭하면 소득공제 받을 수 있는 각 항목을 확인할 수 있고, 각 항목에 대한 소득공제요건들을 친절하게 정리해놓았다. 투명한 유리지갑을 가지고 있는 월급쟁이들이 할 수 있는 유일한 세테크인 연말정산을 백배 활용하면 내년 휴가비 마련쯤은 문제가 없다. 13개월째에 해당하는 한 달 월급이 더 생길 수 있다. 티끌 모아 태산! 세금IQ를 높여서 빠짐없이 돌려받자.

:: 세테크 실전

1. 싱글도 부양가족공제를 받을 수 있다

연말정산을 할 때 복잡하고 헷갈려서 놓치기 쉬운 항목이 부양가족공제다. 다음 세 가지 조건이 모두 충족된다면 주민등록이나 의료보험증에 함께 되어 있지 않고 따로 사는 부모님, 조부모님도 1인당 100만 원씩 부양가족공제뿐만 아니라 추가공제, 부모님의 보장성보험, 의료비, 신용카드공제까지 받을 수 있다.

부모님, 조부모님 부양가족공제는 딸, 아들뿐만 아니라 사위, 며느리 중 아무나 공제가 가능하기 때문에 친정부모님만이 아니라 시부모님도 공제가 가능하다. 더구나 연령이 65세 이상인 경우는 1인당 100만 원, 70세 이상인 경우는 150만 원을 경로우대자공제까지 추가로 받을 수 있다. 예를 들면 65세 이상인 어머님 한 분을 부양가족공제로 추가할 경우 최소 200만 원을 공제받게 되어 연봉이 2,000~4,000만 원 소득자의 경우는 176,000~374,000원 정도 세금을 환급받을 수 있게 된다.

〈부양가족요건〉

① 부친 만 60세 이상, 모친 만 55세 이상 일 것

② 다른 형제가 부양가족공제를 받지 않았을 것

③ 소득금액이 100만 원 이하일 것

☞ 잠깐 '소득 100만 원 이하'란?

'소득금액이 100만 원 이하' 라니, 연간 100만 원을 가지고는 생활비는 커녕 용돈도 안 되는 돈인데, 부양가족공제가 안 된다니 말도 안 되는 소리라고 오해를 할 수 있다. '소득 100만 원 이하' 는 1년 동안 번 총소득을 의미하는 것이 아니라 소득에서 비과세에 해당하는 소득이나 필요경비로 인정하는 금액을 기본적으로 차감한 후의 소득금액을 의미한다.

2. 가족이 함께 현금영수증을 챙겨라

일산에 사는 60세 김○○ 씨는 마트에서 장을 보거나 쇼핑을 할 때 직장에 다니는 딸의 현금영수증을 꼼꼼하게 챙긴다. 2006년도에도 이렇게 챙겨준 현금영수증이 300만 원, 딸의 신용카드 사용액과 함께 소득공제를 받아 연말정산효과를 톡톡히 경험했기 때문이다. 부모님 생활비지출 월 40만 원, 동생 용돈지출 월 10만 원만 챙겨도 1년에 600만 원이고, 하루 5,000원씩만 빼놓지 않고 챙겨도 1년이면 1,825,000원이다. 티끌 모아 태산, 가족이 함께 현금영수증을 챙기면 연말정산효과가 2배다.

3. 연봉이 2,500만 원 이하라면 결혼-이사-장례비도 공제받을 수 있다

결혼-이사-장례비공제는 연봉 2,500만 원 이하인 근로자라면 연령제한 없이 받을 수 있고, 실제 발생한 비용이 100만 원 이하라도 회수당 무조건 100만 원씩을 공제받을 수 있다.

결혼-이사-장례비를 지급할 때도 현금영수증이나 신용카드로 결제하면 신용카드공제도 받을 수 있고, 결혼비용은 결혼을 한 두 사람이 모두 근로소득자라면 각각 공제를 받을 수 있어 2배의 연말정산효과를 누릴 수 있다. 연말정산 시 혼인은 호적등본, 이사는 주민등록등본과 매매계약서(주택임차계약서) 그리고 장례비는 제적등본을 제출하면 된다.

4. 장기주택마련저축은 최고의 절세상품이다

장기주택마련저축은 가입대상이 세대주로 제한되는 등 가입조건이 까다롭기는 하지만, 여전히 최고의 절세상품으로 꼽힌다. 납입금액의 40%까지, 연간 최대 300만 원까지 소득공제를 받으려면 750만 원을 불입하면 된다. 장기주택마련저축은 한 분기(3개월)에 300만 원까지 불입이 가능하고, 750만 원은 연말에 한꺼번에 불입이 불가능하다. 그러므로 최소한 5월까지 150만 원은 납입되어 있어야 7~9월에 300만 원, 10~12월에 나머지 300만 원까지 납입할 수 있다

5. 퇴직연금과 연금저축을 합해서 300만 원까지 소득공제

소득공제 대상이 되는 연금저축이나 연금보험은 납입금액의 100%로 연간 300만 원까지 공제가 된다. 따라서 연중에 한 번도 불입을 못 한 경우라도 12월 보너스로 한꺼번에 300만 원을 불입해도 최고 한도까지 공제가 가능하다.

6. 2008년도에 변경되는 연말정산

- 종합소득세 과세표준구간이 상향조정이 되어 근로소득자와 자영업자의 세금부담이 적게는 18만 원에서 72만 원가량 줄어들게 된다.
- 신용카드공제가 총급여액의 15% 초과분의 15%에서, 20% 초과분의 20%로 변경된다.

결과적으로 신용카드공제를 받을 수 있는 대상금액이 줄어드는 효과다.

신용카드사용액이 최소한 총급여액의 20%를 넘게 써야 공제대상이 되므로 연말정산을 위해 신용카드 사용액을 늘리는 것은 절세에 아무런 도움이 되지 않는다.

• 기부금공제한도가 소득금액의 10% 한도에서 15% 한도로 늘어난다.

1,000만 원으로 4억을 만드는 쩐의 마술

워렌 버핏은 1956년 11세에 단돈 100달러로 투자를 시작하여, 2005년 420억 달러를 투자하고 있는, 2005년 〈포브스〉 선정 세계에서 두 번째 부자다. 오직 주식투자만으로 부를 축적한 주식투자의 귀재다. 그는 40~50년간 단 한 번도 마이너스 수익을 낸 적이 없으며, 연평균 20%대 이상의 꾸준한 수익률이 그를 세계 제2의 갑부로 만들었다.

그는 성공할 수 있었던 투자방법에 대해 1997년 캘테크 강연에서 이렇게 설명한다.

"가장 먼저 알아야 할 점은 부자가 되는 데 시간이 많이 걸린다는 사실입니다. 저는 열한 살 때 시작했습니다. 돈을 모으는 것은 눈덩이를 언덕 아래로 굴리는 것과 비슷한 면이 있습니다. 눈을 굴릴 때는 긴 언덕 위에서 하는 것이 중요합니다. 저는 56년짜리 언덕에서

굴렸습니다. 그리고 또 잘 뭉쳐지는 눈을 굴리는 것이 좋습니다. 처음 시작할 때는 작은 눈뭉치가 필요할 것입니다. 저는 〈워싱턴포스트〉 신문을 돌려서 그걸 마련했습니다. 지나치게 서두르지 않고 올바른 방향으로 오랫동안 지속하는 것이 중요합니다."

워렌 버핏은 성공하기 위한 방법을 다음과 같이 설명한다. 적정한 수익을 위해 투자에 일찍 눈을 떠야 하며, 굴릴 수 있는 종자돈이 필요하다. 올바른 투자방법으로 돈을 잃지 않는다. 욕심을 버리고 서두르지 않으며, 오랫동안 투자를 지속하는 인내가 필요하다. 그가 말하는 성공하는 투자조건 중 돈으로도 살 수 없는, 20대만이 가질 수 있는 성공조건은 '시간'이다.

20세에 1,000만 원만 투자하면 60세에 4억 5,000만 원을 만들 수 있다?

가능할까, 불가능할까? 40년 동안 매년 10% 투자수익만 올릴 수 있다면 가능한 일이다.

4억 5,000만 원의 거금이 만들어질 수 있는 비결은 매년 10%라는 성공적인 투자수익과 1,000만 원이라는 종자돈과 40년이라는 장기투자와 재투자라는 복리의 마술이 있어야 가능하다. 일정기간이 되면 원금에 이자를 붙여 재투자를 반복하는 복리의 마술은 그의 표현대로 언덕 위에서 눈덩이를 굴리는 것과 같다. 복리투자는 언덕 위에서 처음 작은 종자돈을 굴릴 때는 종자돈의 규모가 너무 작아서 이자를 붙여 다시 투자를 한다고 해도 돈이 불어나는 것이 눈에 보이지도 않는다. 뿐만 아니라 불어나는 속도도 더디게 마련이다. 그러나 언덕의 길이가 길어지면 길어질수록, 즉 투자기간이 길어지면 길어질수록 종자돈이 불어나는 속도에 가속이 붙게 되어 언덕에서 구르는 눈덩이처럼 점차 빠른 속도로 불어나게 된다. 이것은 오랜 시간이 지나 종자돈이 일정규모를 이루는 순간부터 돈이 돈을 버는 마술을 부리기 시작하기 때문이다. 즉, 100만 원에 대한 10% 투자 수익은 10만 원이지만 1,000만 원에 대한 10%는 100만 원이 되고, 1억 원에 대한 10%는 1,000만 원이 되어 종자돈이 커질수록 돈이 불어나는 속도는 가속도를 받게 되는 것이다.

- **20세, 30세, 40세, 50세인 4명의 사람들이 각각 1,000만 원씩을 매년 7%와 10%로 재투자를 하면 각자가 60세가 되었을 때 돈이 얼마로 불어 날 수 있을까?**

- **매년 7%로 재투자했을 때**

투자 기간	20세		30세		40세		50세	
10년	30세	2,000만 원	40세	2,000만 원	50세	2,000만 원	60세	2,000만 원
20년	40세	3,900만 원	50세	3,900만 원	60세	3,900만 원		
30년	50세	7,600만 원	60세	7,600만 원				
40년	60세	1억 5,000만원						

(이자 소득세는 비과세로 계산)

투자 기간	20세		30세		40세		50세	
10년	30세	2,600만 원	40세	2,600만 원	50세	2,600만 원	60세	2,600만 원
20년	40세	6,700만 원	50세	6,700만 원	60세	6,700만 원		
30년	50세	1억 7,000만원	60세	1억 7,000만원				
40년	60세	4억 5,000만원						

(이자 소득세는 비과세로·계산)

1,000만 원을 매년 10%로 재투자를 하게 되면

20대에 투자를 시작한 사람은 60세에 4억 5,000만 원

30대에 투자를 시작한 사람은 60세에 1억 7,000만 원

40대에 투자를 시작한 사람은 60세에 6,700만 원

50대에 투자를 시작한 사람은 60세에 2,600만 원을 마련하게 된다.

20세에 1,000만 원을 매년 10%로 40년 동안 원금과 함께 재투자를 하면, 60세에 4억5,000만 원을 마련할 수 있다. 50세에 1,000만 원을 매년 10%로 10년 동안 원금과 함께 재투자를 했을 때 60세에는 고작 2,600만 원이 된다. 그렇다면 50세인 사람이 60세까지 노후자금으로 4억 5,000만 원을 만들려면 10년 동안 도대체 몇 퍼센트의 수익률로 1,000만 원을 굴려야 할까? 매년 약 46% 이상 수익으로 재투자를 해야만 10년 후에 4억5,000만 원을 만들 수 있다. 그러나 문제는 매년 46% 이상을 낼 수 있는 투자란 불가능하다는 것이다.

이처럼 시간과 복리의 힘은 불가능을 가능하도록 만든다. 복리투자는 시간이 바로 돈이며, 굴러가는 돈이 돈을 벌게 하는 매직이다. 20대에 재테크를 시작한 사람은 30대에 재테크를 시작하는 사람보다 돈을 10년은 더 굴릴 수 있고, 40대에 재테크를 시작하는 사람보다 20년은 더 굴릴 수 있어서 부자가 될 확률이 훨씬 많다.

성공한 부자들의 공통된 투자원칙 중의 하나가 단기간의 수익률에 일희일비하지 않고, 장기투자로 지긋이 기다릴 줄 아는 끈기와 인내심이다. 시간테크라 할 수 있는 복리의 마술은 부자가 될 수 있는 방법 중에서 가장 쉬운 재테크 방법이다. 20대가 하루라도 빨리 재테크를 시작해야 하는 이유가 여기에 있다.

샤넬백 대신 아파트를 탐내라

6장

20대 내집마련 도전기

신혼부부가 내집을 마련하는 데 걸리는 기간은 평균 9.4년이라고 한다. 또한 최근 3년 동안 주택을 구입한 사람들의 절반 이상은 대출을 이용했다는 연구결과도 함께 나왔다. 100% 자기 돈으로 주택을 구입하는 사람이 많지 않다는 뜻이다. 금융기관의 힘을 빌려 내집마련을 할 수 있다면 20대 여성이라고 꿈꾸지 말라는 법도 없다. 누구나 자기만의 공간을 가져보기를 간절히 염원해봤을 것이다. 이런 꿈을 굳이 결혼 이후로 미룰 이유가 없다. 대한민국에서는 결혼을 하든 안하든 내집을 갖고 있는 자와 그렇지 않은 자 간의 설움의 격차 혹은 빈부 격차는 하늘과 땅 차이다.

이제 막 재테크에 걸음을 뗀 독자들에게 무리한 요구를 하는 것일 수도 있으나 지금부터라도 내집마련에 대한 구체적인 계획과 준비를 해나간다면 앞으로 10년 걸릴 일을 5년 이내로 단축시킬 수 있을 것이다. 악마는 프라다 백을 들지만 현명한 여우라면 명품 아파트를 원한다.

내집마련, 싱글 때부터 관심을 가져라

'5만 원으로 시작하는 재테크 책이라며 무슨 아파트를 사라는 거야?' 라며 울분을 토하는 독자들도 있을지 모르겠다. 하지만 나는 주변의 많은 여성들로부터 내집마련에 성공한 경우를 자주 접했다. 그녀들의 한결같은 말이 재테크에 관심을 갖게 되니 자연스럽게 집으로까지 연결이 되어 내집마련에 성공할 수 있었다는 사실이다. 그녀들 또한 처음부터 내집마련이라는 야무진 꿈을 꾼 것이 아니라는 말이다. 한 분야에 지속적인 관심을 갖고 공부를 하다 보면 처음에는 엄두도 내지 못했던 일이 '아, 이런 방법으로 접근하면 충분히 가능하겠구나' 라는 식으로 생각이 바뀌게 된다.

그것이 재테크라는 원 밖에 있는 사람과 안에 있는 사람 간의 차이점이다. 즉, 처음에는 펀드나 CMA통장에서 시작된 재테크에 대한 관심이 시간이 지나면 지날수록 불어난 수익률을 재투자하여 더 많은 수익을 낼 수 있는 투자처를 찾게 만든다. 결국에는 부동산으로까지 관심을 갖도록 한다는 것이다. 또한 부동산은 돈만 있다고 해서 당장 투자가 가능한 투자처가 아니다. 한번 돈을 투자하여 회수하기까지의 기간이 몇 년 이상이 될 수 있는 만큼 20대부터 관심을 갖고 접근을 할 필요가 있다. 혹시 아는가? 주인을 급하게 기다리는 급매물이 여러분의 치마폭으로 들어오게 될지. 기회는 준비된 자에게만 뿌리를 내린다는 사실을 명심하도록 하자.

　현정 씨는 '어디 한번 나도 재테크를 시작해 볼까?' 라고 다부진 마음으로 모처럼 시간을 내어 대형서점으로 발길을 옮겼다. 과히 재테크 열풍을 짐작하게 할 만큼 서점 입구부터 재테크 서적 푯말들이 시선을 어지럽힌다.

　'얼마나 별러서 나온 건데. 기왕에 마음먹고 나온 것 그래도 두세 권은 사야 재테크라는 것을 알 수 있지 않겠어?' 하는 생각에 왕초보를 위한 20대 재테크 서적 코너로 힘차게 발길을 옮긴다. 하지만 수십 가지가 넘는 책들 사이에서 일러스트가 예쁜 표지를 고를지, 핵심을 콕 찍어줄 것 같은 제목의 책을 고를지, 베스트셀러를 골라야 할지 선택도 만만치 않다. 어렵게 선택한 책을 열심히 탐독해보지만 생각처럼 쉽게 읽혀지지도 않고, 용어도 어렵다. 어쨌든 다 읽고 책을 덮었지만 지금 당장 무엇부터 해야 할지도 모르겠다. 현정 씨는 재테크 서적 세 권을 읽고 나서도 그녀의 재테크가 달라지는 것은 없다고 한탄한다. 재테크란 재테크(투자) 지식과 경제이론으로 99% 무장한다고 해도 나머지 1% 실행을 하지 않는다면 1%의 지식을 가지고 있는 사람과 별반 다를 바가 없다.

증권업계에서 족집게 주식시장 전망으로 실력을 인정받는 애널리스트나 부동산 현장을 발로 뛰며 분석하는 부동산전문가도 정작자신의 재테크에 그들이 가지고 있는 지식을 활용하지 않는다면 그들의 지식은 단지 직업을 위한 도구일 뿐이다. 자신의 재테크에 있어서는 주식과 부동산을 전혀 알지 못하는 사람과 전혀 다를 바가 없다. 현정 씨처럼 싱글 때부터 재테크에 관심을 기울이면 관련 지식만큼이나 투자에 대한 확신과 자신감을 갖게 된다. 재테크에 대한 올바른 가치관이 성립되면 나중에 투자기회가 왔을 때 망설임 없이 실행에 옮길 수 있다.

다음의 입사동기인 민영 씨와 경숙 씨의 사례는 아는 것을 실천해서 내집마련에 성공한 민영 씨와 실천을 하지 못해 내집마련에 실패한 경숙 씨 이야기다. 불과 2년 전, 입사동기인 민영 씨와 경숙 씨는 같은 아파트 단지에 살았고, 둘 다 결혼한 지 7년이 넘었지만 아직 전세를 면하지 못하고 있는 터라 아파트 한 채 장만하는 것이 꿈이었다. 각자 나름대로 부동산 투자에 대한 서적도 뒤져보고 유명한 재테크 사이트도 방문하면서 투자정보도 얻고 현장답사에 나서기도 한다. 처음 내집을 마련하는 것이라 가지고 있는 돈도 적어 강남 진출은 꿈도 못 꾼다. 수도권의 웬만한 32평 아파트도 전세금을 감안해도 무리하게 대출을 받아야 할 형편이다. 살고 싶은 곳은 돈이 안 되고, 돈이 맞는 곳은 마음에 들지 않는다. 그러던 중 다행인지 불행인지, 부동산 시장에 불황이 오게 되고 아파트 값은 하루가 다르게 떨어지고 있었다. 전세로 살고 있는 아파트가 몇 개월 전만 해도 2억 3,000만 원까지 거래가 되었는데 현재는 2억 원선에서 거래가 되고 있다.

전세금에 모아놓은 돈을 더해 2,000만 원만 대출받으면 지금 살고 있는 아파트를 살 수 있다. 민영 씨는 망설일 이유가 없었다. 마침 전세로 살고 있던 아파트가 매물로 나온 것을 알고 용기를 내어 부족한 돈을 대출로 충당하고 이사하는 번거로움도 없이 내집을 장만할 수 있었다. 한편 경숙 씨는 민영 씨가 아파트를 사는 것을 보고 '나도 살까?' 하고 잠시 고민을 했지만 '부동산 불황이 더 계속될 것 같은데 아파트 가격이 더 하락하면 지금 사는 건 손해잖아. 더 싼 값에 아파트를 살 수 있을지 몰라' 라는 생각이 들어 아파트를 사지 않았다. 부동산 비수기인 여름철이 지나고 가을로 접어들자 아파트 가격은 다시 안정을 찾고 조금씩 오르더니 다시 상승세를 타기 시작했다.

그 후 2년 동안 부동산 가격이 급등하여 민영 씨가 2억 원을 주고 산 32평형 아파트는 3억 4,000만 원을 호가하고 있다. 아직도 전세를 면하지 못한 경숙 씨는 부동산 가격 급등으로 전세금이 올라 내년 2월이면 전세기한이 만료가 되는데, 집주인이 전세금을 얼마나 올려달라고 할지 전세금 마련에 고민이다.

민영 씨와 경숙 씨의 차이점은 무엇일까? 먼저 민영 씨는 투자기회가 왔을 때 그동안 자신이 알고 있는 지식으로 적당한 가격이라는 판단이 들자 용기를 내어 투자를 실행했지만, 경숙 씨는 그동안 알고 있는 지식이 있어도 아파트 가격이 더 내리면 사려는 욕심으로 투자를 실행하지 않았다는 것이다.

부자들이 부자가 된 방법이라고 전수하는 비법들을 모두 공부해도 대부분의 사람들이 그들과 같이 부자가 되지 못하는 것은 무엇 때문일까? 부자들의 재테크 비법이 결코 나에게 맞는 맞춤형 재테크 비법이 될 수 없기 때문이기도 하지만, 그들이 부자가 되려고 노력하고 실천한 만큼 노력하고 실천하지 못하기 때문이다. 부동산에 일가견이 있는 부동산 부자들은 그들이 부동산을 사고자 한다면 주머니에 계약금을 가지고 다닌다. 그들의 경험과 지식을 바탕으로 '이거다' 하고 확신이 드는 물건을 발견하면 그 자리에서 계약금을 치르기 위해서다. 좋은 물건은 다른 사람 눈에도 좋게 보이기 때문에 지금 이 자리에서 결정을 못 내리고 뒤돌아서는 순간 이미 타인의 손에 넘어가 버린다는 것을 알기 때문이다.

재테크는 쉽게 할 수 있는 단순한 마법의 공식이 있는 것이 아니다. 또한 투자란 이론적으로 완벽하게 알고 미래를 정확히 예측 가능할 때 할 수 있는 것이 아니기에 알 수 있는 최대한의 지식을 동원하여 결과를 예측하고, 예측 불가능한 일정부분은 직감과 용기로써 실행해야 한다. 돈을 불릴 수 있는 수많은 방법들 중에 할 수 있는 것부터 하나씩 실천하고 지식과 경험을 넓혀나갈 때 여우만의 맞춤형 재테크 비법이 완성된다. 결국 실천하는 여우만이 토끼를 잡을 수 있는 것이다.

결혼은 안 해도 집은 사라

부모님 그늘 밑에서 매일 엄마 잔소리 들으며 형제들과 티격태격하며 함께 지낼 때 가장 큰 소망은 나만의 공간으로 독립하는 것이다. 그러나 똑똑한 여우라면 독립만세에 대한 대가로 지불하고 감내해야 하는 경제적 고통을 미리 계산할 줄 알아야 한다.

12평 원룸에서 보증금 500만 원에 월세 25만 원에 살고 있는 세령 씨는 일찍 독립한 것이 후회막급이다. 부모님과 함께 살 때는 월급에서 부모님 용돈 약간만 드리고 나면 많은 돈은 아니지만 저축도 할 수 있었고, 용돈도 부족하지 않은 생활을 할 수 있었다. 그러나 독립하면서 월세보증금에 중개수수료 그리고 꼭 필요한 살림만 사는 데도 3년 동안 모았던 거금 1,000만 원이 온데간데없다. 매월 용돈 외에 관리비 등 주거비로 35만 원 그리고 혼자 식사를 해결하자니 외식이 늘어 식비지출이 한 달에 50만 원이 넘어 매월 추가로 지출되는 돈이 100만 원 이상 늘어나 저축할 생각은 꿈도 꿀 수 없다.

반면에 희선 씨는 처음부터 재테크 목표를 내집마련으로 정하고, 33세에 내집마련에 성공한 케이스다. 희선 씨는 고등학교를 졸업하고 중견회사인 주식회사에 입사했지만 대졸사원과의 학력차별을 견디지 못하고 입사한 지 2년 만에 사표를 냈다. 한 가지라도 전문성을 살려야 경쟁력을 확보할 수 있다고 판단한 그녀는 집안 살림이 넉넉지 않은 터라 야간대학에 다니며 대학등록금 마련을 위해 아르바이트를 시작했다. 낮에는 인력회사를 통해 액세서리 매장 판매원, 건설현장의 경리사원 아르바이트를 하며 야간대학을 다니던 그녀에게 졸업을 얼마 앞둔 어느 날 계약직으로 대기업 임원 비서직 제안이 들어왔다. 야간대학을 나와서는 대기업에 처음부터 정식사원으로 입사하기는 힘들 거라 생각한 그녀는 일단 대기업에 입사하는 기회를 얻기 위해 제안을 받아들였다. 임원비서로 3년간 근무를 하던 중 희선 씨는 능력을 인정받게 되었다. 특채로 정식직원으로 전환되는 행운을 얻게 되어 낙타가 바늘구멍에 들어가기보다 힘들다는 대기업에서 당당하게 정식사원으로 일할 수 있게 되었다. 그녀는 안정된 직장에 일자리도 마련하게 되었지만 당장 결혼계획이 있는 것은 아니었다. 결혼이란 필수가 아니라 할 수도 있고, 안 할 수도 있는 선택이라고 생각했기 때문이다. 당연히 그녀의 첫 번째 목표를 언젠가는 독립할 수 있도록 내집을 마련하는 것으로 정했다.

희선 씨는 종자돈 마련을 위해 월급 150만 원 중 60% 이상을 매월 저축하기로 했다. 내집이 있어 주거만 안정된다면 평생 필요한 생활비 정도 마련하는 것은 문제될 것이 없고, 결혼에 얽매이지 않고 하고 싶은 것 하며 인생을 즐기면서 사는 것도 나쁘지 않다고 생각했다. 기왕이면 유명한 택지개발지구나 신도시에 있는 아파트라면 좋겠지만 32평형 아파트 매매가가 2억 원을 훌쩍 넘어버리니, 10년을 저축해도 어려울 것 같았다.

"첫술에 배부르랴, 차근차근 올라가자." 일단 자금에 무리가 따르지 않는 지역의 아파트를 마련한 후 유망지역으로 진출하는 전략으로 하기로 했다. 아파트 분양공고를 꼼꼼하게 챙기던 어느 날 경기도 남양주에 분양하는 아파트 분양공고가 눈에 들어왔다. 85평방미터(26평), 분양가는 1억 3,000만 원, 경기도지만 교통여건으로 보아 1시간 정도면 출퇴근이 가능하다는 판단이 들었다. 그동안 저축한 5,000만 원으로 계약금과 중도금 일부를 해결하고 분양받은 후 몇 년간 전세를 놓고 나머지 돈을 마련하면 입주하는 데 무리가 없다고 판단하고 과감히 베팅에 나섰다.

• 희선 씨의 아파트 마련 전략

	금 액	금 액	비 고
아파트분양가	130,000,000		향후 3년 저축 (매월 900,000) (입주하지 않고 전세를 놓음)
분양 당시저축액		50,000,000	
매월 저축 가능액		32,400,000	
전세보증금		37,000,000	
대 출		15,000,000	
등기비용 등	4,000,000		
	134,000,000	134,000,000	+ 400,000

아파트를 분양받게 되면 입주까지 기간이 대략 3년 정도 소요되므로 저축해놓은 5,000만 원과 앞으로 3년 동안 매월 90만 원씩 저축한다면 저축액 3,240만 원 그리고 분양받은 아파트 입주를 몇 년 미루고 보증금 3,700만 원에 전세를 놓는다면 부족한 자금 1,500만 원

은 대출을 받으면 된다는 계획이다. 분양일자에 맞춰 청약을 했고, 운 좋게 13층에 배정을 받았다. 완공 후 2년이 지난 지금 아파트 시세는 4,000만 원이 올라 1억 7,000만 원선에 거래되고 있다. 3,700만 원에 임대해주었던 전세기한도 만료가 되었다. 다행히 아파트 전세금도 올라 6,000만 원에 재임대를 할 수 있게 되어 전세보증금 3,700만 원을 돌려주고도 2,300만 원이 남았다. 대출금 1,500만 원을 갚고도 800만 원의 여유자금이 생겼다. 유망한 지역 아파트만큼 가격이 급등한 것은 아니지만, 이제 대출도 없는 터라 대출금리가 오르더라도 고민이 없다. 이제 입주할 때 전세보증금을 돌려줄 6,000만 원만 차곡차곡 모아놓으면 입주하는 것은 시간문제다.

지구상에 내 방 한 칸 마련하는 것이 왜 일생일대의 과제가 되고, 내집 하나 있고 없는 것이 무엇이 달라 한평생 내집마련을 그리도 갈망하는 것일까? 살아가는 데 필요한 의식주 중에서 주택은 가장 많은 돈을 필요로 한다. 그럼에도 불구하고 주택이 재테크의 1순위가 되는 이유는 자산증식의 수단 이전에 내집이 있다는 것은 재산을 보유했다는 물질적인 만족감과 심리적인 안정감을 안겨주기 때문이다. 주택문제를 해결하는 방법은 내집이 있든지, 눈칫밥 먹으며 누군가에게 얹혀살든지, 수천만 원의 거금을 지불하고도 이자 한 푼 못 받는 거액의 보증금을 지불하고 전세를 살든지, 전세보증금 지불할 돈도 없으면 은행대출이자보다 몇 배는 비싼 월세를 내고 살아야 한다. 그러나 내집이 없이 남의 집을 빌려 사는 월세나 전세는 비싼 임대비용만 지불하면 끝나는 것이 아니다. 임대기한은 왜 그리도 빨리 돌아오는지 1~2년 주기로 계약기한이 될 때마다 1년 연봉보다도 더 올라버린 보증금 마련을 걱정해야 한다. 보증금을 추가로 지불할 능력이 없다면 선택의 여지없이 돈에 맞는 집을 찾아 이삿짐을 싸야 한다.

어디 그뿐이랴. 만만치 않은 이사비용에 부동산 중개수수료로 한 달 월급이 날아가는 것은 기본이다. 가족의 품을 떠나 혼자만의 공간을 사용한다는 만족감에 대한 대가가 지금 지불하지 않아도 될 비싼 비용을 지불해야 하는 것이라면 누리고 싶은 자유를 꼭 지금 당장 만끽해야만 하는 것인지, 그만한 가치가 있는지 생각해볼 일이다. 지금 당장 비싼 비용을 지불해서 남 배부른 일을 시키는 것보다 차라리 몇 년 동안 자존심 죽이고 월세나 생활비로 지출할 돈을 억척스럽게 모아 최소한 독립할 때는 내집 하나 가지고 당당하게 독립하는 뿌듯함을 맛보는 것이 현명하지 않을까? 결혼하거나 쫓겨나기 전에는 절대 독립하지 마라. 무엇보다 중요한 것은 앞으로 부모님께 허락된 시간은 그리 많이 남지 않았다는 것이다

감당할 수 없는 욕심은 부리지도 마라

1925년 5월, 프랑스 파리의 명물 에펠탑이 느닷없이 매물로 나왔다.

빅토르 루스티그는 '파리의 유지비용이 많이 든다' 라는 기사를 보고 지상에서 가장 멋진 사기를 쳐보기로 계획을 세웠다. 그는 자신을 에펠탑을 관리하는 부처인 우정통신부 차관이라 속이며 사기행각을 벌였다. 머지않아 에펠탑을 사겠다는 사람이 나타났고, 그에게 에펠탑 비용 25만 프랑과 공개입찰에서 우선권을 받으려면 윗사람에게 뇌물을 줘야 한다며 추가비용 25만 프랑까지 챙긴 뒤 도망을 쳐버렸다. 일순간에 50만 프랑을 사기당한 사람은 에펠탑을 사겠다는 자체가 허황된 생각이었음을 뒤늦게 깨닫게 되었을 것이다. 한 번쯤 웃으며 넘어갈 수 있는 일화이기는 하지만 현대인의 허황된 욕심을 보여준 단면이라고도 할 수 있겠다. 우리도 이미 오래전부터 대박신드롬에 젖어 들어 있는지 모른다.

2006년 5월, 어느 날 찾아온 김가영 씨는 대박을 꿈꾸다가 수천만 원을 손해 본 경우다. 재무상담을 하기 전에 그녀의 재산현황을 검토한 나는 그녀에게 어떤 위로의 말을 해주어야 할지 매우 난감했다.

33세, 공무원 생활 12년차 싱글인 그녀는 재산현황으로 볼 때 빠듯한 공무원 월급으로 꽤나 알뜰살뜰 저축을 한 모양이었다. 부산에서 조그만 20평형대 아파트를 마련하여 살고 있었고, 예금 3,000만 원 그리고 아파트 분양권 2개에 6,000만 원이 투자되어 있었다. 그러나 투자한 32평, 42평짜리 아파트 분양권 2개가 문제였다. 그녀가 분양권에 투자할 당시만 해도 분양권을 살 수만 있으면 몇 백만 원에서 몇 천만 원까지 프리미엄을 얻어서 바로 되팔 수 있었기 때문에 분양권은 단기에 고수익을 얻을 수 있는 대박 그 자체였다.

모든 사람이 아파트 분양권을 사기 위해 열을 올리던 때였고, 그녀도 분양권 투자열풍에서 빠질 수 없었다. 앞뒤 생각할 겨를도 없이 모아놓았던 돈을 털어 아파트 분양권 2개를 500만 원씩 프리미엄까지 얹어주고 샀다. 분양권을 사자마자 프리미엄이 1,000만 원까지 치솟았으나 계속 더 오를 것 같아 '조금만 더'를 외치며 팔 때를 기다리고 있었다. 그러나 대박을 꿈꾸던 그녀의 꿈은 오래가지 않았다. 몇 개월이 지난 어느 날부터 분양권 가격이 떨어지기 시작하더니 올랐던 프리미엄은 고사하고 더 주고 산 프리미엄까지 날아가고 말았다.

아파트가 공급과잉이 되면서 주인을 찾지 못한 아파트로 미분양이 넘쳐나고, 아파트 분양권은 프리미엄은커녕 분양가에 사려는 사람도 없었기 때문이다. 그렇다고 그대로 3년 후 입주 시까지 가지고 있자니 아파트 2개 중도금대출 이자가 만만치 않다. 뿐만 아니라 아파트가 다 지어지고 나서도 손해 안 보고 팔 수 있다는 보장도 할 수 없다. 그야말로 암울한 상황이 되어버리고 말았다. 그녀는 분양권만 처분할 수 있다면 프리미엄은 고사하고 어떤 손해라도 감수할 수 있다는 절박한 심정으로 휴가까지 제출하고 서울로 상경한 것이었다. 그러나 전문가에게 조언을 구한다고 한들 살 사람이 없어서 안 팔리는 분양권에 대해 뾰족한 방법이 있을 리 없다.

아무리 묘안을 찾아봐도 현재 가지고 있는 자금으로는 돈이 턱없이 부족하여 앞으로 내야 할 중도금과 잔금을 대출로 충당할 수밖에 없는데, 한 달 월급을 다 털어 넣어도 이자를 내기가 힘든 상황이었다. 결국 가슴 아프지만 프리미엄과 계약금을 포기해서라도 분양권을 팔 수 있다면 2개 중 1개라도 처분해야 한다고 조언해줄 수밖에 없었다.

그녀는 담담한 표정으로 방법이 그것밖에 없다는 것을 자신도 이미 알고 있었다고 했다. 단지 몇 천만 원을 손해 보아야 한다는 황당한 현실 앞에 자신의 방법이 맞는지, 진짜 그 방법밖에 없는 것인지 답답한 마음으로 확인해보고 싶었다고 한다.

그녀가 분양권을 사기 전에 만일의 경우 분양권이 안 팔렸을 때를 가정하고, 아파트 구입자금을 어떻게 마련할 것인지, 부족한 자금을 대출로 해결할 경우 이자를 부담할 수 있을지 계산만 해보았어도 분양권을 2개나 사지는 않았을 것이다. 그러나 바로 되팔 수 있을 것이라는 긍정적인 결과만을 고려한 채 대박을 바라고 저지른 무모함이 결국 어렵게 모아온 수천만 원을 날릴 수밖에 없는 상황을 만들고 말았다.

세상에 공짜는 없다. 대출이나 남의 돈까지 빌려서 단기간에 대박을 꿈꾸는 것은 투자가 아니라 요행을 바라는 '투기'며, 인생을 '모 아니면 도'로 내몬 한 번의 실수를 만회하기 위해 몇 년의 세월을 허비하게 될지도 모르는 일이다.

한 번 살아온 시간은 뒤로 되돌릴 수 없고 투자수익은 운으로 결정되지 않는다. 투자를 할 때는 반드시 자신이 원하는 방향으로 성공했을 때와 반대로 그렇지 못했을 때 두 가지 경우 모두를 고려해야 한다. 그런 뒤, 실패했을 때 예상되는 상황을 감당할 수 있는 정도로만 투자하는 현명함이 요구된다.

자동차보다 집이 먼저다

20대 여성의 재테크 목표는 결혼자금 마련하기가 아니다. 재테크 목표를 '종자돈 1억 원 모아 아파트 사기'로 바꿔라. 모아놓은 종자돈으로 결혼을 하면 결혼자금, 집을 사면 주택자금이다. 목표를 원대하게 잡는 사람이 성공할 확률이 높듯이 꿈을 크게 가진 사람이 더 많은 것을 이룰 수 있다. 월급도 적어 쓸 돈도 모자라는데 무슨 집을 사라고 하느냐고 어이없어 할지 모르지만 20대 싱글도 집을 사려고 마음만 먹으면 못 살 것도 없다. 단지 문제가 되는 것은 종자돈을 만들 시간과 룰을 알아야 게임에 참여할 수 있다는 것이다.

아파트를 한 채 사놓고도 결혼하고 싶어도 몇 년째 결혼 못 하고 있는 싱글 여럿을 보았는데 결혼자금 달랑 3,000만 원 모아놓고 '내가 결혼자금 3,000만 원 있으니까 남자는 적어도 아파트 한 채는 있어야지'라고 안심하고 있다면 당분간 시집가기는 어렵겠다.

인생목표, 시간과 돈 모든 것의 기준을 결혼이라는 이벤트에 맞추고 살아가다가 결혼이 뜻대로 되지 않으면 삶의 정체성까지 흔들리게 된다. 혼자 힘으로 자신의 인생목표를 가지고 당당하게 살아가다가 함께하면 더 행복할 것 같은 좋은 남자를 만나 인생의 동반자가 될 수 있으면 더없이 좋은 것이 결혼이다.

인정 씨는 결혼하기 전에는 시계, 구두, 가방 가릴 것 없는 명품 수집광이었으나 결혼할 때 남편과 의견일치를 보아 결혼비용을 최소화하고 부족한 자금 3,000만 원은 대출로 충당하여 20평형대 아파트를 마련하는 데 성공했다. 1년 후 아기 돌잔치에 초대받아 갔을 때 만난 그녀는 예전의 그녀가 아니었다. 결혼 전 마음에 드는 명품 가방이 있으면 두 번 생각하지 않고 카드를 긁어대고는 결제일이 되어서야 후회를 하던 그녀가 그 흔한 출장 뷔페도 부르지 않고 단출한 잔칫상을 차려낼 정도로 짠순이 아줌마로 변신해 있었다.

그녀의 변신에 놀라워하는 우리에게 "집 살 때 받은 대출 3,000만 원을 빨리 갚아야 된다고 생각을 하니까 돈 쓰는 게 달라지더라. 대출 빨리 갚고 우리 아기 학교 갈 때쯤에는 집을 좀 넓혀 갈까 하구. 그래도 우리 집이 있으니까 아기가 생겨도 불안하지 않아"라며 여유까지 부리고 있었다.

내집을 갖는다는 것은 최소한 물가상승률 정도로 집값이 올라줄 것이라는 물질적인 안정감, 아무도 뭐라 할 사람 없고 때마다 이사 걱정 안 해도 되는 독립적인 공간에서 오는 정신적인 안정감을 얻을 뿐 아니라, 막연히 돈을 많이 모아야겠다는 두루뭉술한 목표가 아니라 얼마를 언제까지 만들어야 한다는 손에 잡히는 구체적인 목표를 가지게 되어 재테크 효과까지 백배다.

30대 내집마련은 꿈이 아니다.

:: 30대 내집마련하기

1. 좋은 아파트가 아니다. '내집마련'을 목표로 삼아라

눈높이를 낮춰라. 생각 같아서는 적어도 한 30평형대쯤은 되고 출퇴근 시간도 30분 정도 걸리는 교통 좋은 곳이면 좋겠지만 이 목표를 잠시 뒤로 하고 '지상 한 편에 내 이름으로 방 한 칸 마련' 하는 것을 목표로 삼아라. 시작이 반이라고 했다. 작은 평형이라도 집 하나는 가지고 있어야 평형을 넓혀가기도 쉽다. 부동산 가격은 돈을 모아서 살 수 있도록 오르지 않고 기다려주지 않는다. 처음부터 돈 모아서 32평형 아파트를 사려고 하면 돈을 모았을 때는 이미 가격이 올라 살 수 없는 상황이 되어버리기 쉽다.

2. 아는 만큼 보인다. 부동산 정보를 스크랩하라

돈만 있다고 아파트가 얻어지는 것은 아니다. 다른 재테크도 마찬가지지만 부동산은 특히 아는 만큼 보인다. 부동산 정보를 스크랩하라. 그리고 공부하라. 스크랩을 해놓으면 '근거 있는 투자전략'을 갖게 된다. 여성들이 쇼핑을 할 때도 정보가 있는 것과 무작정 쇼핑을 하는 것은 쇼핑에 대한 만족도가 달라진다. 부동산 정보를 체크할 수 있는 부동산 사이트를 '즐겨찾기' 해놓는 것도 좋은 방법이다. 하루에 10분씩 관련 정보를 접하고, 이슈가 되고 있는 정보 정도만 인지해놓아도 부동산에 대한 진입장벽이 한층 낮게 느껴지게 될 것이다.

3. 신문에 자주 오르내리는 지역을 주시하라

남들도 좋아하는 아파트를 사야 값이 오를 가능성이 많다. 신문에 자주 오르내리는 지역은 전문가들이 유망하게 보는 지역이거나 관심이 있는 사람이 많은 지역이다. 집을 사는 가장 첫 번째 이유가 집세 걱정, 이사 걱정을 하지 않아도 되는 '안정된 보금자리'를 마련하는 것이다. 하지만 기왕에 거액의 돈을 들여 집을 사는 것인데 남들 오를 때 같이 올라주면 일거양득이다. '마을버스 한 번 타야 지하철역에 갈 수 있다는 것이 좀 불편해서 그렇지, 아파트단지 옆에 작은 공원이 하나 있어서 난 살기 좋아'라고 생각하면 다른 아파트 다 올라도 내 아파트는 제자리걸음이다.

　나만 살기 좋다고 아파트 가격이 오르는 것은 아니다. 남들도 사고 싶은 아파트를 사야 팔 때도 좋고 아파트 가격도 오른다. 전세나 월세를 구할 때도 남들이 좋아하는 곳에 집을 구해야 낭패가 없다. 남들이 좋아하지 않는 곳에 집을 구하면 더 좋은 조건의 집이 생겨서 이사하고 싶을 때나 집을 사서 나와야 할 때 들어올 세입자를 구하지 못하면 곤란한 상황에 처해질 수 있다.

4. 모델하우스에서 데이트를 즐겨라

교통, 조망, 생활권 등 아파트의 장점으로 내세우는 것을 메모해두면 좋은 아파트 고르는 요령을 배울 수 있다. 드라마에서나 볼 수 있는 세련된 인테리어와 새로운 공간설계로 단장한 아파트를 보면 살고 싶고, 사고 싶다는 욕구가 용솟음친다. 인테리어 안목도 키우고, 무료 커피 한 잔으로 데이트 비용도 공짜, 남자친구에게 '우리도 아파트 하나는 있어야 하지 않겠니?'라는 묵시적인 암시도 할 수 있어서 일거삼득이다. 재테크도 손발이 맞아야 한다. 현명한 여자는 남자를 다룰 줄 안다. 재테크에 대한 공부도 함께 하고 관심사를 동일시하는 것이 평생 혼자 속 끓이는 일을 방지할 수 있다. 혼자 집 사려고 발버둥치는 것보다 둘이 함께 하는 것이 훨씬 효과적이다.

5. 돈이 다 있어야 부동산을 사는 게 아니다. 자금계획을 세워라

기존에 지어져 있는 아파트를 사는 경우에는 부족한 자금은 대출을 이용하거나 아파트를 사서 전세나 월세를 놓았다가, 돌려줄 전세금을 모은 후 입주하는 방법이 있다. 아파트 담보대출은 보통 매매가의 40~50%선을 고려하면 된다. 소득규모와 부동산 정책에 따라 달라지므로 계약을 하기 전에 대출이 가능한 금액과 대출금리(현재는 보통 8% 수준으로 5,000만 원 대출 시 매월 33만 원 정도다)를 반드시 확인한 후 이자를 부담할 수 있는지까지 확인하여 자금계획을 맞춘 후 계약을 해야 낭패가 없다.

6. 살고 싶은 동네를 찾아서 급매물을 주시하라

아파트는 분양을 받아서만 살 수 있는 것이 아니다. 찾아보면 서울
로 출퇴근이 가능하면서 대단지에 20평형대 아파트를 1억 원이면
살 수 있는 곳도 있다. 내가 사고 싶은 아파트가 도대체 얼마나 하는
지는 알아야 살 수 있는지 포기하고, 다른 것으로 알아보아야 하는
지 감을 잡을 수 있다. 혹시 아는가? 내일 당장 돈 급한 사람이 급매
로 500만 원 싼 물건을 내놓는 일이 생길지 말이다.

7. 나 홀로 아파트는 NO! 세대수가 많은 대단지가 좋다

한 동만 세워진 아파트는 교통이 좋은 곳에 위치해도 좋은 가격을
형성하기 힘들다. 대단지 아파트는 생활편의 시설이 좋고, 교통여건
이 좋은 곳에 있는 것이 보통이다. 부동산에 대한 경험 없이 처음 아
파트를 살 때는 최소한 300~500세대 이상은 되는 아파트 단지를
골라야 실수가 없다.

8. 전세 사는 게 득인지 대출 받아서 아파트를 사는 게 득인지 꼼꼼하게 따져보라

전세금은 전세기한이 지나면 이자 한 푼 붙여주지 않는 무이자 예탁
이다. 계속 전세를 살 경우에 전세금이 계속 오른다면 이자 한 푼 못
받는 채로 묻어두어야 하는 돈은 점점 불어나게 되고, 물가상승률로
인한 돈의 가치로 따져본다면 재산이 오히려 줄어들게 된다. 월세의
경우도 보통 보증금 3,000만 원을 받을 수 있는 집을 보증금 1,000

만 원과 나머지를 월세로 받을 경우에는 2,000만 원에 해당하는 월세를 은행 1년 정기예금이자의 3∼4배가 넘는 수준으로 형성하는 것이 보통이다.

후회 없는 20대를 보내길 바라며

어느 날 출판기획자가 날 찾아왔다. 큰돈 투자하는 재테크 말고, 20대가 할 수 있는 재테크에 대한 저술을 부탁한다는 것이다. 재테크를 일찍 시작하는 것이 얼마나 중요한지 모르는 친구들을 보면 정말 안타깝다는 얘기를 하면서 말이다.

나는 유명한 작가도 아니고, 찬란한 학력을 가지고 있는 학자도 아니다. 단지, 수년 간 금융계에 몸담아오면서 대성까지는 아니지만 금융전문가로서 목표한 삶을 이루었다고 자부한다. 나의 이력을 이야기하는 것은 현재 20대들과 마찬가지로 나 역시 넉넉하다고 할 수 없는 20대를 겪었음을 알려주고 싶어서다.

회사 일과 원고 쓰는 일을 동시에 진행하려 보니, 두 가지 모두에 최선을 다할 수 있을지 걱정이 앞섰다. 하지만 내가 알고 있는 지식이 많은 사람에게 도움이 될 수 있다면 그것만큼 가치 있는 일도 없으리란 생각이 들었다. 재테크 책이라는 것이 쉽게 쓰려고 사례를 많이 넣다 보면 내용이 부실해지고, 이론을 중심으로 하면 너무 어렵기 때문에 방향 잡기가 쉽지 않았지만, 나름대로 최대한 쉽고 재미있게 쓰려고 노력했다. 수익률이 좋은 투자처를 알려주기보다는 20대부터 재테크를 해야 하는 이유와 재테크의 목표, 돈관리와 그 방법을 말하고자 했다. 20대에게 필요한 재테크주머니와 요즘 유행하는 펀드투자까지, 소액으로 시작하여 종자돈을 마련할 수 있는 순서도 함께 실었다.

20대는 더 이상 어린 나이가 아니다. 자신의 인생을 스스로 개척하기 위한 새로운 출발점에 선 중요한 시기인 것이다. 자신의 꿈을 이루기 위해 첫발을 내딛는 희망찬 20대 여성들에게 재테크에 대한 작은 동기만 부여할 수 있어도, 나의 노력은 성공한 것이라 생각된다.

책을 마무리 하며 내 인생 또 하나의 기회를 만들어준 부크 방미희 씨와 21세기북스의 김수연 씨에게 깊은 감사의 마음을 전한다. 원고 쓴다고 1년여 동안 아내노릇 제대로 못해줘도 불평 한마디 없이 주말마다 세끼 밥 챙겨주고, 졸린 눈 비비며 늦은 밤까지 함께 해준 남편에게도 감사의 마음을 전하고 싶다.

KI신서 1276

스타벅스 10잔으로 시작하는
여우 재테크

1판 1쇄 발행 2008년 2월 28일
1판 8쇄 발행 2010년 4월 13일

지은이 탁현심 **펴낸이** 김영곤 **펴낸곳** (주)북이십일 21세기북스
기획 김수연 **편집** 한세정 **마케팅·영업** 서재필, 최창규, 김보미 **외부스태프** 부크
출판등록 2000년 5월 6일 제10-1965호
주소 (우413-756) 경기도 파주시 교하읍 문발리 파주출판단지 518-3
대표전화 031-955-2100 **팩스** 031-955-2151 **이메일** book21@book21.co.kr
홈페이지 www.book21.com

값 10,000원
ISBN 978-89-509-1335-9 13320